Reparación de aparatos ELÉCTRICOS

PRACTICA DEL BRICOLAJE

Reparación de aparatos ELÉCTRICOS

Otto Maier

ediciones
ceac

Perú, 164 - 08020 Barcelona - España

Índice

Herramientas y aparatos de medida

Para reparar aparatos eléctricos se necesitan pocas herramientas especiales. Se recomienda reservar las herramientas de electricista para estos menesteres y no emplearlas en trabajos generales, normalmente más duros. Como la corriente eléctrica no se ve, para poder apreciar sus efectos hay que utilizar aparatos de medida e indicación.

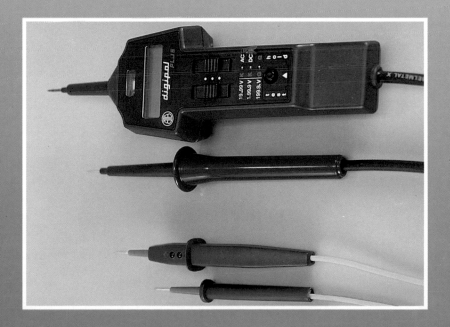

Las herramientas más importantes para el electricista son los destornilladores **(1)**. Para los tornillos pequeños de los terminales de porcelana suele utilizarse el comprobador de fases o «buscapolos» **(1)**, que siempre deberá tenerse a mano, sujeto con la pinza, en el bolsillo superior del mono de trabajo.

Además de éste, es suficiente un pequeño surtido de destornilladores: uno largo y estable para bornes pequeños y dos grandes para tornillos con cabeza ranurada y en cruz **(1)** (2-6).

Llama la atención que de los destornilladores representados en la figura sólo dos tienen la hoja aislada y que ninguno lleve la inscripción «Garantizado para 12.000 voltios». Esto sería, sin embargo, simular una seguridad que no puede ofrecer ninguna herramienta, sino sólo el modo de trabajar. Nosotros trabajaremos siempre en aparatos que habremos desenchufado previamente de la red, o, a lo sumo, en conexiones de lámparas que previamente habremos desconectado y que, por lo tanto, tendremos controladas.

Naturalmente, es deseable un juego de destornilladores con la hoja aislada. Sin embargo, en algunos casos, el grueso aislamiento de la hoja puede resultar un engorro, por ejemplo, si hay que quitar tornillos colocados en orificios profundos y estrechos, lo que es bastante usual.

En los aparatos eléctricos, el espacio disponible es, con frecuencia, muy reducido, por lo que, ocasionalmente, nos serán útiles los destornilladores que sujetan el tornillo **(1)** (7-9).

Los hay de diversos tipos. La ver-

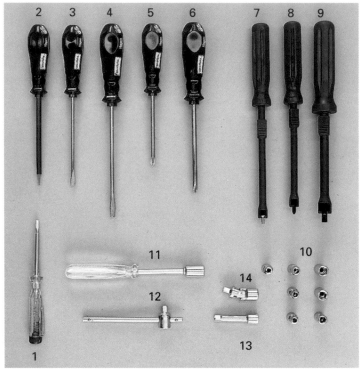

Fig. 1

sión representada tiene la ventaja de poder resistir los mismos esfuerzos que un buen destornillador corriente. Hay también otras versiones que son delgadas, expresamente concebidas para rinconcitos muy estrechos, pero sólo sirven para colocar el tornillo en su sitio. Para apretarlo, hay que cambiar de herramienta. Si se deja uno llevar por la comodidad, esta herramienta, por ser demasiado fina, no resistirá el mal uso.

En algunos aparatos, sobre todo en los antiguos, hay aún tornillos con tuerca. Estos tornillos no deben apretarse ni sujetarse con los alicates universales, sino con una llave de vaso. La solución más versátil es tener unos cuantos «vasos» pequeños **(1)** (10) y un

mango de destornillador **(1)** (11), así como muletillas, mangos, alargaderas y articulaciones **(1)** (12-14).

Son, en realidad, herramientas para la reparación de automóviles, pero aquí sólo se necesitan en su versión miniatura.

El surtido de alicates representado en la figura **(2)** puede calificarse de completo. Aunque no se necesitan tantos, algunos de ellos son convenientes. Como equipo básico bastarán unos alicates universales **(2)** (4), unos de puntas planas **(2)** (6, 7 u 8), y unos de corte oblicuo **(2)** (2). El surtido de alicates podría completarse con unas pinzas largas, pero hay muy pocos casos en que no puedan sustituirse por los alicates de puntas, que son,

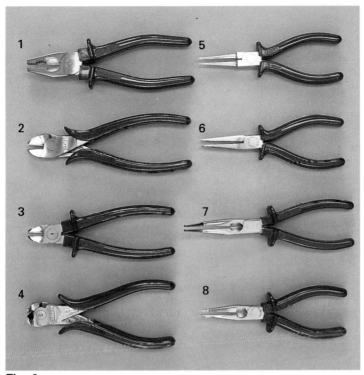

Fig. 2

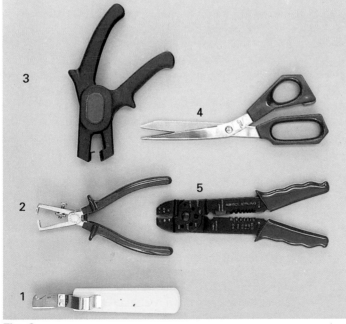

Fig. 3

además, mucho más resistentes. Aunque los alicates universales y otros dos de los alicates representados tienen dispositivo de corte, son muy útiles unos alicates de puntas de corte oblicuo **(2)** (3). Si los cuidamos, permitirán desnudar perfectamente incluso el cable más fino sin quedarnos con el único hilo en la mano. Este práctico surtido se completa con unos alicates de corte transversal **(2)** (4) y unos alicates de puntas redondas **(2)** (5).

La figura **(3)** representa herramientas realmente especiales. La cuchilla pelacables **(3)** (1) sirve para quitar la envoltura de goma o de plástico de los cables. Resuelve el problema de desnudar los conductores que la atraviesan o a los que envuelve, sin cortarlos.

Las pinzas pelacables **(3)** (2-3) permiten eliminar un trocito del aislamiento en el extremo del cable. La versión antigua tenía que ajustarse cada vez a la sección del conductor por medio de un tornillo, pero la versión moderna funciona de forma totalmente automática.

La longitud del trozo de conductor que se pela es siempre la misma, porque la marca grabada en la herramienta sirve de guía y el corte y arranque del aislamiento se realizan con sólo cerrar las pinzas, que se ajustan automáticamente al diámetro del cable; es, pues, una solución muy práctica. Los alicates universales **(3)** (5), muy económicos, permiten cortar, acortar los tornillos sin dejar rebabas y, sobre todo, aplastar las clavijas planas y los terminales de los cables. Esta preparación de los extremos de los cables —bastante usual en la electricidad del automóvil— no debe confundirse con las vainas de los extremos del conductor. Permiten, mejor que ninguno de los demás métodos experimentados, la conexión perfecta y duradera de los conductores a los tornillos de conexión de los enchufes. Lamentablemente, las tenazas necesarias para ello **(4)** no son baratas. Sin embargo, conviene disponer de ellas, porque las ventajas de los casquillos apretados con las mismas no pueden conseguirse por ningún otro procedimiento. Por otra parte, también unas tijeras normales **(3)** (4) prestan buenos servicios, por ejemplo para quitar la envoltura textil del cable de una plancha eléctrica. Igualmente puede utilizarse una navaja.

En los aparatos eléctricos hay que reparar también, de vez en cuando, pequeños defectos mecánicos, por lo que pueden necesitarse, ocasionalmente, algunas herramientas de cerrajería como, por ejemplo, un soldador eléctrico (sobre todo en aparatos antiguos).

En algunos casos, para la reparación de aparatos eléctricos, hay que utilizar aparatos de medida y comprobación. El comprobador más sencillo es el comprobador de fases o «buscapolos», que suele presentar la forma de un destornillador pequeño **(5)** (1). Contiene una lámpara luminiscente que se enciende cuando hay tensión. La punta del comprobador (el destornillador) se aplica al cable que se sospecha que conduce corriente. Pulsando el pequeño contacto de la parte superior del des-

tornillador, el circuito eléctrico se pone a tierra a través del cuerpo; si se enciende la lámpara, es que hay tensión. Para limitar al mínimo la corriente que pasa a través del cuerpo, a fin de que no cause daños, el comprobador de fases contiene, intercalada antes de la lámpara, una resistencia de alto ohmiaje.

Este comprobador resulta útil, por ejemplo, para conectar una lámpara después de una mudanza. Se aplica el destornillador sucesivamente a todos los cables que cuelgan del techo, o a los tornillos de la porcelana, si el inquilino anterior tuvo la amabilidad de dejar los portalámparas. Pidiendo a un ayudante que conecte y desconecte el interruptor, se verá cuál de los dos cables está en tensión, o bien —si se trata de una conexión en serie— cuáles de ellos lo están, pulsando entonces los dos interruptores. Si un aparato deja de funcionar repentinamente, puede aplicarse el comprobador de fases a los contactos de la base de enchufe y si la lámpara de efluvios no se enciende en ninguno de los dos, hay que deducir que ha saltado el fusible o que existe un defecto en la instalación.

El comprobador **(5)** (2) tiene dos puntas de prueba, unidas entre sí por un cable, y un mango aislante. Así se establece un circuito eléctrico. El aparato indica tensiones entre 3,5 y 400 voltios por medio de dos diodos luminiscentes. Se encienden ambos diodos cuando se aplica una tensión alterna a las puntas de comprobación, y uno solo si la tensión es continua. Además, cuando la corriente es continua se indica la polaridad (+ o −). Por

Fig. 4

eso, este instrumento está especialmente recomendado cuando se manejan pilas y para trabajos de electricidad del automóvil.

La comprobación o medición más importante, y siempre necesaria, en los aparatos eléctricos, es decir, la confirmación de que circula corriente, con los dos aparatos descritos sólo puede realizarse de modo indirecto, y no sin peligro.

Supongamos que en un aparato se ha roto uno de los cables de toma de corriente; si es así, no pasará corriente por el aparato. También puede tratarse de uno de los conductores del cable, por ejemplo el conductor de protección en un cable prolongado o de conexión, cuyo perfecto estado es vital. Se aplica tensión a ese cable, si circula corriente, alimentará un indicador que puede ser, por ejemplo, una lámpara de incandescencia, un zumbador, la aguja de un voltímetro o bien, en un instrumento electrónico, un diodo luminiscente en forma de puntos o trazos (varios de los cuales pueden formar las conocidas cifras rectangulares).

Durante la comprobación no es agradable trabajar con la tensión de la red (ese sería el medio in-

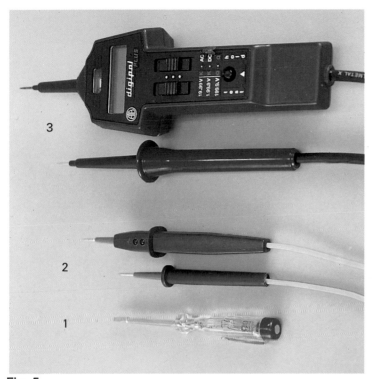

Fig. 5

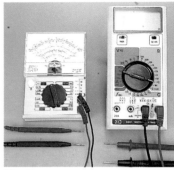

Fig. 6

directo antes mencionado), que, además, es peligrosa. Es preferible utilizar una pila pequeña. Como puede deducirse fácilmente, la simple comprobación de que pasa corriente no sirve de mucho. La lámpara de incandescencia y el zumbador necesitan, para funcionar, una tensión que no puede ser muy inferior a la de una pila totalmente cargada. Si hay que comprobar, por ejemplo, una bombilla de incandescencia (220 voltios/15 vatios) para ver si el filamento está interrumpido o no (es decir, si la lámpara está intacta o fundida), la pequeña potencia de la pila, sobresolicitada por la elevada resistencia del objeto que se comprueba, no bastará para encender la lámpara de comprobación o para activar el zumbador; aquí sólo reaccionaría un miliamperímetro muy sensible. «Sensible» tiene, en este caso, un doble significado: en primer lugar, estos aparatos de medida indican intensidades de corriente muy pequeñas; por otra parte, reaccionan con gran sensibilidad a las sobrecargas eléctricas, a los golpes y a otras acciones mecánicas. La indicación de que «pasa corriente» a través de un aparato eléctrico no sirve para nada si hay un cortocircuito en el aparato.

En este caso, sólo servirá de ayuda un ohmímetro que indica el paso de corriente y además el valor de la resistencia. El aparato **(5)** (3), cuyo manejo es parecido al de **(5)** (2), mide, con ayuda de un bloque de pilas de 9 voltios, resistencias hasta 200 ohmios y, además, ajustándolo convenientemente, tensiones alternas o continuas hasta 20, 200 o 2.000 voltios. Los valores se presentan en forma de cifras de gran tamaño compuestas de diodos luminiscentes. Por su parte, los multímetros convencionales, con indicador analógico (aguja que se mueve sobre una escala) son muy baratos y versátiles **(6)** (1). Los comprobadores digitales **(6)** (2) son más fáciles de leer, aunque, ciertamente, requieren un poco de paciencia. Trabajan con mucha exactitud y por eso saltan, de vez en cuando, de una cifra a otra; de este modo se acusa muy bien la resistencia de paso entre la punta de prueba y el objeto que se mide.

Las diferencias de precios obedecen menos a las distintas formas de indicación que a la amplitud de los campos de medición. Los precios de los dos instrumentos de medida de la figura **(6)** están en la proporción 1:6.

Los fundamentos teóricos y la aplicación práctica de las mediciones se explicarán, por medio de ejemplos, en los capítulos siguientes.

Clases de protección

La protección de los aparatos eléctricos se basa en las
normas, reglas y directrices establecidas por las Comisiones
de Normalización de cada país, o por otras de validez
internacional. En España, rigen las Normas UNE 21 062 h1
«Coordinación del aislamiento. Principios básicos y niveles
de aislamiento» y el Reglamento Electrotécnico para Baja
Tensión con sus Instrucciones Complementarias MI-BT.
También se aplican las normas VDE (VDE = Asociación
de Electrotécnicos Alemanes). En el presente capítulo
hablaremos de todas estas normas.

La introducción de las redes de distribución a 220 voltios en lugar de las instalaciones a 110-127-130 voltios anteriormente existentes (de las que la de 110 voltios solía ser de corriente continua, no tan peligrosa), hizo necesario adoptar medidas para proteger de algún modo a las personas que se veían en la necesidad de manejar unos aparatos cada vez más potentes.

Durante muchos decenios, las carcasas de los aparatos fueron metálicas. Al duplicar el valor de la tensión para satisfacer la creciente demanda de potencia, resultó evidente el peligro que entrañaban las derivaciones de las carcasas y fue imprescindible hacer algo para evitarlas.

Se forma una derivación o contacto a la carcasa cuando falla el aislamiento en cualquier punto del aparato y un cable conductor eléctrico entra en contacto con alguna parte de aquél.

Como uno de los conductores de la red eléctrica está siempre puesto a tierra, basta con tocar el conductor para recibir «a través de tierra» una descarga eléctrica. Naturalmente, hay que tener, además, contacto conductor con tierra. Podría pensarse que es fácil evitar un contacto de este tipo: si la persona lleva, como de costumbre, zapatos con suela de cuero, de goma o de plástico, que son aislantes. Por desgracia, para que pase una corriente peligrosa a través del cuerpo humano no es necesario que exista una unión perfecta.

Con el tiempo, se ha descubierto que el paso a través del cuerpo de muy pocos miliamperios (mA, 1/1.000 amperios) puede

ser letal. Pero, con 220 voltios, pasan ya 30 miliamperios si la resistencia de aislamiento es de 7.300 ohmios. Este valor puede alcanzarse en un aparato defectuosamente aislado, aunque esté muy lejos de la buena resistencia de aislamiento de 2 megaohmios ($1 M\Omega = 1$ millón de ohmios) o de 1.000 ohmios por voltio.

La Norma MI-BT 031 clasifica los aparatos consumidores, según su aislamiento, en las clases siguientes:

— **Clase 0**: No llevan dispositivos que permitan unir las partes metálicas a un conductor de protección. Su aislamiento es meramente funcional, aunque pueden tener algunas partes con doble aislamiento o aislamiento reforzado.

— **Clase I**: Llevan dispositivos que permiten unir las partes metálicas a un conductor de protección. Si la alimentación es por cable flexible, éste incluirá el conductor de protección y su clavija deberá disponer de contacto para él.

— **Clase 0I**: Lleva bornes para puesta a tierra en sus partes metálicas, y conductor flexible de alimentación fijo permanentemente al aparato. No lleva conductor de protección.

— **Clase II**: No llevan dispositivos para unir sus partes metálicas a un conductor de protección. Todo el aparato lleva doble aislamiento o aislamiento reforzado. Se distinguen las clases II-A (aparatos con aislamiento envolvente), II-B (aparatos con envolvente metálica, que debe ser continua y perfectamente aislada, con doble aislamiento, de las partes activas), II-C (combina las dos anteriores).

— **Clase III**: Aparatos previstos para alimentación con tensión inferior a 50 voltios en todos sus circuitos internos y externos.

La clase de protección más antigua, la Clase I, consiste en equipar los aparatos con un conductor de protección. Los dispositivos de enchufe, que antes eran solamente bipolares, se equiparon con un tercer contacto **(1)**, todos los cables de alimentación se hacían con tres polos en lugar de dos como en los anteriores.

Hay tres clases de protección:

Clase I: Aparatos con conductor de protección. La resistencia mínima de aislamiento ha de ser de 0,5 megaohmios   - Símbolo

Clase II: Aparatos con aislamiento de protección. La resistencia mínima de aislamiento ha de ser de 2,0 megaohmios.   - Símbolo

Clase III: Aparatos de pequeña tensión (42 voltios) y aparatos que funcionan con pilas. La resistencia mínima de aislamiento ha de ser de 1.000 ohmios por voltio.   - Símbolo

Fig. 1

El perfecto funcionamiento del conductor de protección hasta las lengüetas de contacto del enchufe es responsabilidad del instalador o de la empresa suministradora de energía eléctrica. La puesta a tierra del conductor de protección se realiza contactándolo a la compensación de potenciales (un fleje de acero galvanizado colocado en el perímetro del edificio, en la cimentación o cerca de ella). Antes podía utilizarse como toma de tierra una tubería de agua. Sin embargo, desde que el agua se lleva a las casas por medio de mangueras de plástico, se necesita otro dispositivo de toma de tierra. Si las tuberías de agua de la instalación del edificio son metálicas, también tienen que conectarse a la instalación de compensación de potenciales.

La Norma NTE-IEP (Instalaciones eléctricas - Puesta a tierra) y el Reglamento Electrotécnico de Baja Tensión y sus normas complementarias MI-BT, obligan a disponer toma de tierra en las instalaciones siguientes:

— Pararrayos (NTE-IPP).
— Antenas colectivas de TV y FM (NTE-IAA).
— Enchufes y masas metálicas en aseos y baños (NTE-IEB).
— Instalaciones de fontanería, gas y calefacción, depósitos, calderas, guías de elevadores y todo elemento metálico importante (NTE-IEB).
— Las estructuras metálicas y las armaduras de muros y estructuras de hormigón armado.

Cuando reparamos un aparato, somos responsables de que el conductor de protección no esté interrumpido en el enchufe, en el cable de conexión del aparato o en su conexión a éste.

La figura **(2)** representa la conexión de conductor de protección verde-amarillo a un ventilador de calefacción. Aparte de un conductor de protección eficaz, los aparatos de la Clase de protección I han de tener una resistencia de aislamiento de 0,5 megaohmios.

El funcionamiento del conductor de protección y los límites de sus funciones protectoras pueden verse claramente en los esquemas de las figuras **(3)**, **(4)**, **(5)**. En ellas, el circuito eléctrico se representa en color rojo, y se indican los colores normalizados de los conductores de la línea y de los cables: marrón, azul y verde-amarillo.

La Clase de protección II —aislamiento de protección— ha sido posible gracias a la introducción de plásticos resistentes y moldeables que permiten, por ejemplo, fabricar herramientas eléctricas sin ninguna pieza metálica, a excepción del portaútil (portabrocas, etc.). El cable de alimentación de estos aparatos sólo tiene dos conductores, la clavija de enchufe suele ser moldeada por

Fig. 2

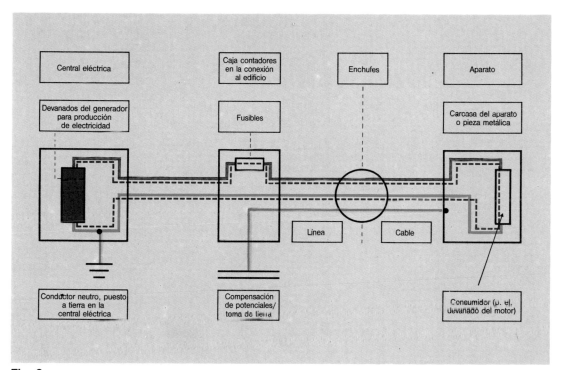

Fig. 3

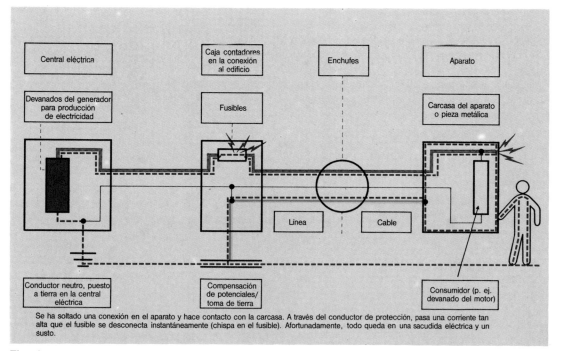

Se ha soltado una conexión en el aparato y hace contacto con la carcasa. A través del conductor de protección, pasa una corriente tan alta que el fusible se desconecta instantáneamente (chispa en el fusible). Afortunadamente, todo queda en una sacudida eléctrica y un susto.

Fig. 4

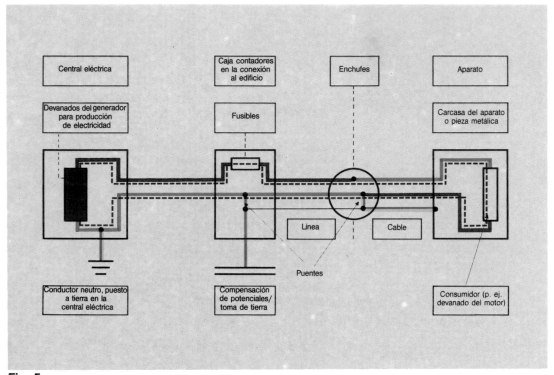

Fig. 5
En algunas redes, el conductor verde-amarillo de compensación de potenciales está unido, en la caja de contadores, al conductor neutro azul. Los cables que van al enchufe son de dos conductores (marrón y azul). En el enchufe se han colocado puentes entre el conductor neutro y el contacto de protección. Esto no debe confundirse con la conexión de un aparato con toma de tierra de protección mediante un cable de dos conductores. En un enchufe pueden cambiarse los contactos. Si en un cable de tres conductores están puenteados los cables azul y verde-amarillo, como en el enchufe, se produciría un cortocircuito y la carcasa del aparato consumidor se encontraría bajo tensión.

inyección y sin contacto de protección. Si, debido al desgaste, hubiese que sustituirla por una clavija de enchufe normal, el contacto para el conductor de protección queda vacío, ya que no hay nada que conectar. En ese caso hay que apretar el tornillo correspondiente para que no pueda producirse ningún accidente en el interior de la clavija.
La Clase de protección II garantiza una protección insuperable contra contactos indebidos, ya

que los plásticos tienen, de por sí, una resistencia de aislamiento tan alta que satisfacen todas las exigencias necesarias. Los puntos débiles se encontrarán siempre en el interior, donde los conductores tienen que montarse muy cerca de las piezas metálicas del motor. Los devanados, por ejemplo, son alambres aislados con una delgadísima capa de esmalte y dispuestos en las ranuras del estator o del rotor. Aunque están reunidos en el «devanado» y a veces están ro-

deados por el aislamiento, pueden estar en contacto con las piezas metálicas y el portabrocas quedaría electrificado. Por esta razón, se han adoptado medidas especiales que se indican gráficamente con el símbolo ▯ **(6)** para la Clase de protección II (doble inclusión). La resistencia de aislamiento de estos aparatos ha de ser de 2 megaohmios. Cuando se trabaja en un ambiente buen conductor de la electricidad —por ejemplo, al lijar o esmerilar en una caldera de

Made in W.-Germany
Type MOF 96/02 Nr. 3 1 0 5 6 8
220 V~ 50-60Hz 3,5 A
750 W no = 8 000-24 000/min.

Fig. 6

acero— no es posible establecer condiciones de trabajo totalmente exentas de riesgo, ni siquiera con las medidas citadas. En ese caso, es obligatorio el uso de herramientas eléctricas de la Clase de protección III, que funcionan con una tensión máxima de 42 voltios. La tensión ha de tomarse de un «transformador de separación» que separa perfectamente la tensión interna de trabajo, red de 42 voltios, de la red de 220 voltios con toma de tierra. Naturalmente, en el circuito de 42 voltios no hay nada que esté puesto a tierra, por lo que, en el ejemplo citado, no puede establecerse ninguna tensión entre una pared de la caldera —siguiendo con el mismo ejemplo— y un cable o aparato defectuosos. Al aparecer las herramientas eléctricas y los aparatos de cocina accionados por pilas o baterías, no se creó ninguna clase de protección especial. Todos ellos pertenecen a la Clase III. Aunque no sean peligrosos, han de cum-

plir la condición de «resistencia de aislamiento de 1.000 ohmios por voltio», a no ser que la tensión de servicio sea de menos de 50 voltios, o la potencia inferior a 20 vatios.

Muchos accidentes con aparatos e instalaciones eléctricos ocurren simplemente por negligencia. Por esta razón, la regla primordial, incluso en los trabajos más pequeños, es el cumplimiento de las normas de seguridad. No hay que apartarse de ellas en ningún caso, ni siquiera para simplificar o abreviar el trabajo. A continuación enumeramos algunas de las reglas de seguridad más importantes que hay que cumplir:

- No trabajar nunca en cables o aparatos que se encuentren bajo tensión. Antes de comenzar el trabajo, desenroscar o desconectar el fusible del circuito eléctrico correspondiente.
- Asegurarse de que nadie pueda conectar el fusible de nue-

vo inadvertidamente. El mejor modo de hacerlo es colgar en el fusible un letrero de aviso. Los fusibles desenroscados no deben dejarse en la caja de fusibles ni en el contador: han de llevarse consigo.
- Antes de iniciar el trabajo, verificar con un comprobador de tensiones u otro instrumento análogo qué cable está efectivamente sin tensión.
- Jamás debe realizarse un trabajo si no se está seguro de haber entendido correcta y totalmente las relaciones teóricas e importantes para la práctica entre los distintos elementos.
- No utilizar piezas defectuosas, desgastadas o anticuadas. No reparar los aparatos cuyo nivel de seguridad parezca defectuoso (especialmente si son antiguos). Después de una reparación o sustitución es imprescindible que el aparato cumpla las normas más recientes.
- Los fabricantes prescriben que, al terminar los trabajos, se realice una medición de la resistencia de aislamiento, así como una comprobación de la alta tensión según las normas. Por propia seguridad, estas mediciones deben encargarse a un taller especializado.
- Deberán cumplirse siempre las normas sobre colores de los cables y otras disposiciones destinadas a excluir confusiones, así como separar los cables con colores antiguos ya en desuso.
- Los trabajos en la acometida al edificio y en la caja de contadores deberá realizarlos exclusivamente un electricista.

Generalidades sobre la electricidad

Siempre es indispensable un poco de teoría. La energía invisible que llamamos «electricidad» no puede compararse con nada de lo que manejamos habitualmente. Trataremos de explicar, del modo más práctico posible, en qué consisten los circuitos eléctricos y qué significa corriente trifásica.

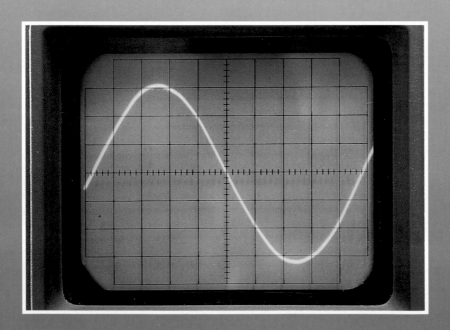

La electricidad como forma de energía

Hay varias formas de «producir» corriente eléctrica. «Producir» entre comillas, porque, en realidad, «producción de electricidad» es una expresión prestada; en realidad, lo que hacemos, es, simplemente, construir aparatos que transforman en energía eléctrica otras formas de energía.

Aparte de la electricidad por frotamiento, cuya importancia siempre ha sido muy escasa, y de la termoelectricidad (transformación directa del calor en electricidad), que acaso podría adquirir importancia en nuestros tiempos, se aprovechan técnicamente la mayoría de las posibilidades de producir electricidad. El elemento galvánico, que, primitivamente, era un montaje experimental (columna voltaica de Alessandro, conde de Volta, que también ha dado su nombre al voltio), se usa a diario millones de veces en forma de pilas. Estos elementos se han perfeccionado de tal manera que, para corrientes débiles (relojes), o para cargas muy distanciadas entre sí en el tiempo (aparatos fotográficos), pueden durar más de un año. La energía fotovoltaica (células solares) justifica grandes esperanzas, aunque su aplicación práctica tropieza con graves problemas, actualmente aún financieros, así como con problemas de acumulación o conducción. Salopp ha dicho: «¿Cómo podría hacerse llegar, sin grandes pérdidas, la energía eléctrica producida favorablemente en el Sahara a la cuenca del Ruhr?».

Por lo tanto, la mayor parte de la energía eléctrica que «consumimos» (utilizamos aparatos que la transforman en luz, fuerza, calor) proviene de generadores. Inicialmente —esto se debe a Thomas Alva Edison, el inventor de la lámpara de incandescencia— se dio preferencia a la corriente continua, ya que parecía más fácil de dominar y tenía muchas ventajas. Fueron los descubrimientos y estudios innovadores de Nicola Tesla (físico croata que trabajaba en los EEUU), los que ayudaron a la corriente alterna a abrirse camino.

Corriente continua, corriente alterna, corriente trifásica

Al principio, el circuito eléctrico resultaba muy fácil de entender para todo el mundo. Una fuente de electricidad —el elemento galvánico— se unía por medio de dos conductores (alambres) a la recién descubierta lámpara incandescente: esto estaba muy «claro».

Ahora, el panorama ya no es tan sencillo. Corriente alterna, corriente trifásica, corriente continua: vamos a explicar las particularidades de cada una por orden de aparición.

El generador, en su forma primitiva —que, naturalmente, apenas resulta reconocible al cabo de 100 años de evolución—, sigue utilizándose aún como dínamo de bicicleta (y «dínamos» se les llamó a los generadores eléctricos durante mucho tiempo). Produce corriente alterna, lo que simplifica su construcción.

La figura (1) es una representación esquemática. Un imán permanente gira entre dos bobinas, y cada vez que el campo de fuerzas del imán corta las bobinas (la

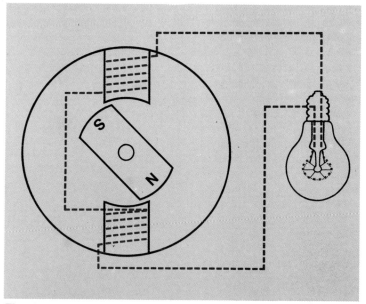

Fig. 1

Fig. 2

Fig. 3

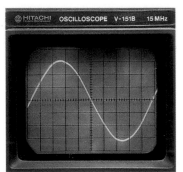

Fig. 4

expresión «inunda» será tal vez más comprensible), circula por éstas una corriente que se puede derivar. Esto puede demostrarse con un montaje muy sencillo **(2)**.

La corriente alcanza su máximo valor cuando el imán está en posición vertical **(1)**, y es igual a cero cuando la posición es horizontal. Otra media vuelta —polo sur arriba— produce de nuevo un valor máximo, pero la corriente circula en sentido contrario.

Si se construye un aparato de medida registrador cuyo estilete se desvíe más o menos de la posición de reposo según la intensidad de la corriente, y en un sentido o en otro, según el sentido en que circule la corriente, y se registran con él las desviaciones sobre una tira continua, se obtendrá una curva que puede verse con mucha frecuencia, aunque sólo sea como símbolo de la corriente alterna («220 V~»). Esta curva puede verse representada electrónicamente en la pantalla del aparato que denominamos osciloscopio **(3)** y **(4)**.

Si se generan estas ondas de corriente 50 veces por segundo, se dice que la corriente alterna es de 50 hertzios (Hz). El hertzio

es la unidad de frecuencia; 1 hertzio = 1 oscilación o ciclo por segundo. El hertzio se llama así en honor del físico alemán Heinrich Hertz.

Una máquina con un solo par de polos, como la que aquí hemos considerado **(1)**, ha de girar a 50 · 60 = 3.000 revoluciones por minuto para generar una corriente de 50 hertzios.

Es fácil ver que, procediendo de este modo, unos generadores, cuya construcción es muy costosa, estarían muy mal aprove-

chados porque en cada revolución de la máquina sólo se generan dos impulsos de corriente y el rotor tendría que salvar un amplio espacio vacío de un polo al otro. Por esta razón se montaron en la carcasa del generador otros dos pares de polos, con lo que se triplicaba la producción de corriente (naturalmente, sin tener que triplicar la energía de accionamiento aportada).

Los impulsos de corriente se producen ahora, naturalmente, desplazados en el tiempo, un apara-

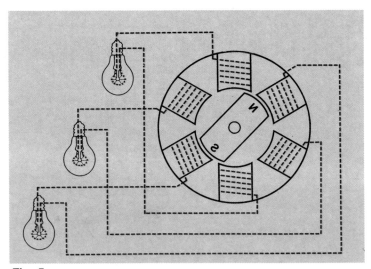

Fig. 5

to registrador provisto de tres estiletes dibujaría las tres curvas **(6)**.

El esquema eléctrico podría dibujarse como en **(5)** o como en **(7)** y, más claramente, como en **(8)**. Con esta disposición pueden ahorrarse de dos a tres de los seis conductores, lo que tiene una gran importancia económica **(9)**. La interconexión, es decir, la concatenación de los tres circuitos eléctricos, puede hacerse como en **(10)**. Los dos tipos de interconexión se denominan —según su representación gráfica— conexión en estrella y conexión en triángulo.

Si se estudian detenidamente estas disposiciones, se aprecia una serie de propiedades muy bien aprovechables técnica y económicamente, y que han conducido a la aplicación de nuevos principios en la construcción de motores.

Ante todo, puede verse que, si se conectan tres aparatos consumidores de igual potencia, por el cuarto conductor no pasa corriente. Podría, pues, suprimirse, y por ello se le denominó «conductor cero» (hoy: conductor neutro). En la práctica, sin embargo, no es posible pasarse sin él, ya que, si en algún punto se conecta un aparato consumidor mayor, por el conductor neutro pasará corriente **(12)**.

En una red importante, con muchos aparatos consumidores, se reduce, naturalmente, el desequilibrio que se aprecia en la figura **(12)** y, además, se influye favorablemente desde la central de distribución.

Puede verse entonces que las tensiones entre los conductores y el neutro y las tensiones entre

Fig. 6

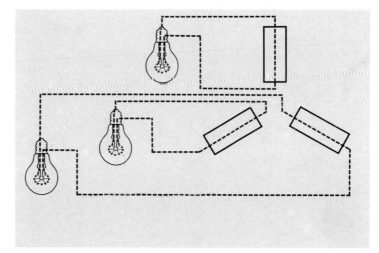

Fig. 7

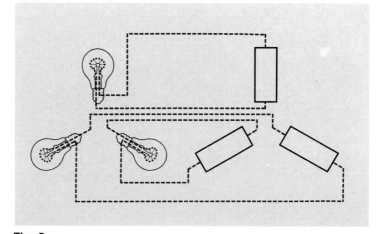

Fig. 8

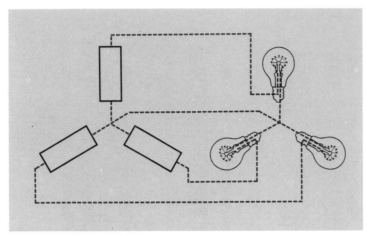

Fig. 9

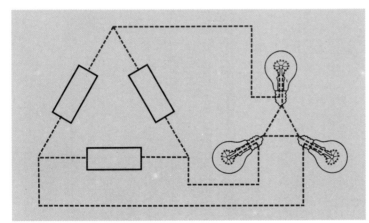

Fig. 10

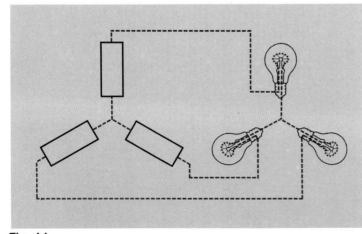

Fig. 11

conductor y conductor (también llamados «fases» porque las corrientes que aparecen en ellos se generan en distintas fases del giro del generador) están siempre en la relación (redondeada) 1:1,72 **(13)**.

Las fases se designaron inicialmente con las letras R, S, T, y el conductor neutro por O; las denominaciones actuales son 1, 2, 3 y neutro.

En las instalaciones deben identificarse perfectamente todos los conductores mediante el color de su envoltura aislante. La norma MI-BT 023 indica los colores de identificación siguientes:

— Conductor de protección: amarillo-verde.
— Conductores de fase: Si no se precisa la identificación de fases, serán de color marrón o negro; si deben identificarse las tres fases, se utilizarán los colores marrón, negro y gris.
— Conductor neutro: azul claro.

Si uno de los conductores de fase ha de pasar posteriormente a ser conductor neutro, se identificará con el color azul claro. El conductor de protección, de color amarillo-verde, ha de ser totalmente independiente del neutro.

Si medimos en un generador una tensión de 220 voltios (que ya se daba en la época de la corriente continua), la tensión entre dos fases será de 380 voltios.

Durante el período de transición había aún antiguas redes a 110 voltios; se obtenía devanando los generadores de modo que produjesen 220 voltios entre fases. Entre fase y neutro se podían tomar, pues, 220:1,72 ≈ 127 voltios. De esa época datan las lámparas incandescentes con la inscripción «110-130 V». Se considera que la propiedad más importante de la corriente alterna concatenada (o compuesta) es que los picos de corriente, es decir, los valores máximos en los tres conductores, se producen en momentos distintos, pero siempre en el mismo orden y a intervalos iguales. Así, esta red eléctrica puede accionar un motor que sólo en el estator, o sea en la parte fija, tenga tres (o un múltiplo de tres) pares de bobinas, mientras que el rotor, la parte giratoria, no tenga que alimentarse eléctricamente. La secuencia de impulsos se denomina «campo giratorio», la corriente alterna conectada en estrella o triángulo se denomina corriente trifásica o también «corriente de fuerza» o «corrien-

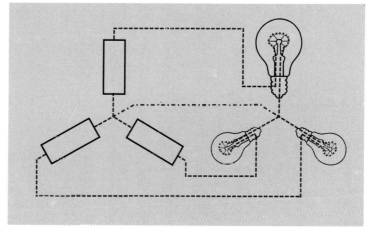

Fig. 12

te industrial», porque se utiliza preferentemente para su transformación en fuerza mecánica por medio de motores. Para expresarlo mejor, a la corriente alterna se la denomina también «corriente alterna monofásica», lo que significa que sólo se toma entre una fase (de las tres posibles) y el neutro.

A primera vista cuesta entender que haya aparatos de soldadura que tengan que conectarse a la corriente trifásica pero que, con

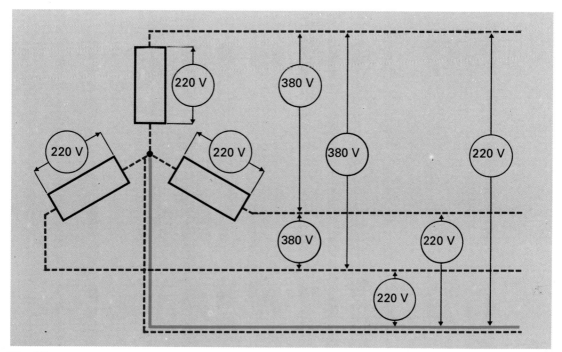

Fig. 13

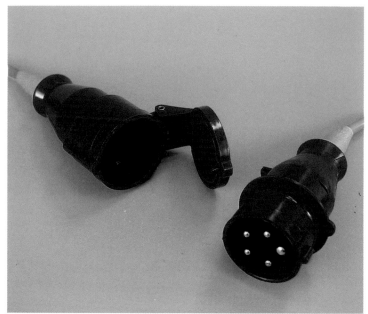

Fig. 14

un simple cambio de clavijas y conmutación, puedan adaptarse a la conexión a la corriente alterna monofásica. Lo que sucede es que, en este equipo, no son las propiedades especiales de la corriente trifásica lo que se requiere, sino, solamente, la tensión de 380 voltios. Para soldar se necesita un circuito eléctrico muy sencillo, pero con unas exigencias especiales en cuanto a relación entre corriente y tensión. La característica del transformador de soldadura es mejor si la tensión de entrada es más alta. Este es el único ejemplo digno de mención en que una conexión a dos fases permite aprovechar la tensión mayor.

Las cocinas eléctricas y los calentadores de agua necesitan también, ciertamente, dos fases; sin embargo, sus elementos calefactores funcionan a 220 voltios, conectados entre fase y neutro. Lo que ocurre es que la potencia total, que es demasiado alta para una sola fase se distribuye entre dos.

¿Por qué tienen los enchufes trifásicos **(14)** cuatro contactos iguales y un quinto contacto más grueso, cuando, según lo indicado (para motores), bastaría con tres o cuatro contactos? Porque uno de los conductores es el conductor de protección (símbolo ⏚) cuyos contactos, en el sistema de enchufes que se utilizaba antiguamente, eran más bien débiles y, a veces, poco fiables. Esto podía tener consecuencias fatales, en caso de peligro, si su conexión a tierra estaba interrumpida. Antes, el conductor neutro y el de protección estaban unidos en un mismo cable y podían bastar si la conexión estaba simétricamente cargada [como en **(9)** o con un motor trifásico]. Sin embargo, la

carga asimétrica ha aumentado desde que existen máquinas que, además de uno o varios motores tienen un elemento calefactor de gran potencia. Piénsese en una máquina empaquetadora de láminas de plástico en que hay que calentar el material (cargando solamente una fase) y transportarlo (por medio de un motor que consume corriente simétrica), y todo esto de forma manejable y mediante una conexión por cable y enchufe. Las conexiones trifásicas no sólo tienen una tensión mayor, sino que, en su mayoría, están más aseguradas por fusibles de mayor capacidad que un enchufe normal monofásico con contacto de protección. Por esta razón, el usuario debería renunciar a conectar o reparar, por sí mismo, motores, cocinas eléctricas o grandes calentadores de agua.

Magnitudes eléctricas

En los apartados anteriores se ha hecho referencia a una serie de conceptos que sólo le resultarían familiares al lector que ya tenga conocimientos electrotécnicos. Conviene, sin embargo, conocer los principios y relaciones básicos de la Electrotecnia, porque únicamente sobre esa base es posible trabajar de forma racional. Naturalmente, no es posible dar en pocas líneas unos conocimientos completos que, además, no es preciso dominar para montar un enchufe nuevo en el cable de una taladradora portátil. Se ha hablado tanto de los peligros que entraña la red de 220 voltios que hay que preguntarse por qué utilizamos este medio en nuestros hogares y no nos conformamos con una tensión más baja, menos peligrosa. Al fin y al cabo, también utilizamos redes de corriente continua a 12 voltios —en nuestro coche—, y son, realmente, redes completas, con central eléctrica (alternador), cables, fusibles, conmutadores, lámparas y un motor de 2,2 kilovatios (motor de arranque) e incluso un dispositivo de almacenamiento (la batería). ¿Por qué no es válida con carácter general una red de este tipo?

La diferencia entre el motor de una sierra circular de 2,2 kilovatios/220 voltios y el motor de arranque del coche de 2,2 kilovatios/12 voltios puede explicarse gráficamente.

El kilovatio (kW) es la unidad de potencia. 1 kW son 1.000 W (vatios). El voltio (V) es la unidad de tensión y el amperio (A) la de intensidad. La tensión multiplicada por la intensidad, nos da la potencia, de acuerdo a la fórmula:

$$V \cdot A = W$$

o bien

$$U \cdot I = P$$

Un rectángulo de 220 mm de altura (para la tensión) y 10 mm de anchura (para la intensidad), tiene un área de 2.200 mm², que podemos equiparar con la potencia. Esto equivaldría a las condiciones del motor de una sierra enchufada a la red de 220 voltios.

Tomemos ahora el motor de arranque de un automóvil, y dibujemos de nuevo un rectángulo de 2.200 mm², pero esta vez con sólo 12 mm de altura, correspondientes a 12 voltios ¡este rectángulo tendría 183 mm de anchura! En efecto, el motor de arranque toma estos 183 amperios de la batería, cosa que sólo es posible durante un corto tiempo, como todos sabemos. En el primer caso es difícil «encerrar» la alta tensión, es decir, aislarla. En el segundo caso no existe ese problema ya que 12 voltios son totalmente inofensivos, no son peligrosos.

La corriente eléctrica tiene, sin embargo, la propiedad de poder fluir también por el aire, que, en sí mismo, es un aislador. Si se interrumpe un circuito eléctrico, en el sitio correspondiente salta una chispa. Con 10 amperios en el primer caso, esta chispa no tiene importancia, ya que se extingue rápidamente y no se puede prolongar, pero con intensidades de más de 40 amperios es diferente, ya que puede producirse un arco eléctrico («arco voltaico») cuya temperatura es de 1.000 grados. Este tipo de arco se utilizaba antes en las lámparas del alumbrado público (entre dos barras de carbón, que no se queman con tanta rapidez como los metales). Desde hace 100 años se utiliza para la soldadura eléctrica y para la fusión del acero.

No es posible construir interruptores manuales para tales intensidades. Además, la corriente continua no se interrumpe tan bien como la alterna. Por eso, en muchos aparatos se puede leer: «Sólo para corriente alterna». Los pequeños interruptores manuales y, sobre todo, los contactos termostáticos, no resistían el arco eléctrico que se formaba al funcionar con corriente continua y sus contactos se fundían. (Si se dijese que con 10 amperios de corriente alterna no es posible producir un arco eléctrico estable, esta afirmación no sería cierta. En un enchufe corriente, si, por ejemplo, está flojo el tornillo de uno de los contactos, salta una pequeña chispa que puede ocasionar grandes daños.)

El funcionamiento con baja tensión tiene otros dos graves inconvenientes. Las bajas tensiones no se pueden transportar sin pérdidas. La tensión eléctrica puede compararse, en términos sencillos, a la presión necesaria para transportar gases y líquidos a gran distancia por medio de tuberías. Para transportar la electricidad a través de todo el país se requieren tensiones de más de 100.000 voltios.

El segundo inconveniente, que es el que imposibilita el empleo de bajas tensiones, es la gran sección que deberían tener los conductores.

Las lámparas halógenas de baja tensión, que últimamente gozan de gran popularidad, son buen ejemplo de ello. Se utilizan porque tienen un rendimiento lumínico muy superior al de las lámparas de incandescencia convencionales y porque están de moda en el diseño «High-Tech». Aunque cadenas enteras de lámparas de este tipo sólo consumen una potencia de 100 vatios, para su conexión se necesitan cables muy gruesos.

Esto se debe a una propiedad de la corriente eléctrica que aún no hemos mencionado. Incluso los materiales mejores conductores oponen una resistencia al paso de la corriente. Para vencer esta resistencia se requiere energía, y ésta se transforma en calor. En general, esto no es deseable y resulta caro, y se habla de «pérdidas térmicas». Por otra parte, es un fenómeno que también se aprovecha. Los aparatos caloríficos, desde los calentadores de cerveza hasta las estufas de calefacción de habitaciones, son algo de lo más común y están muy difundidos.

Cuando los efectos de la corriente eléctrica estaban aún poco estudiados, se distinguía entre «conductores» (lo son todos los metales), que oponen escasa resistencia al paso de la corriente eléctrica, y «aisladores», que se suponía que no permitían el paso de la corriente. Entre ellos estaban los minerales y ciertos materiales como la goma o el vidrio. Empleando unos aparatos de medida más precisos se ha demostrado que no es posible una distinción tan clara. La corriente puede fluir por todas partes, incluso por los cimientos de hormigón de un edificio, cuando se requiere la compensación de potenciales, así como por toda la corteza terrestre.

Incluso por las carcasas de plástico de nuestros aparatos pueden circular corrientes (o, al menos, tensiones, que no es lo mismo) en determinadas circunstancias; antiguamente no era posible medirlas. Sin embargo, desde que es posible esta medición, ya no se habla de «aislamiento» como algo definitivo, sino de «resistencia de aislamiento», con lo que se da a entender que nada es «tan impermeable» cuando entra en juego la electricidad.

La resistencia de aislamiento es importante para la definición de las clases de protección a que antes nos hemos referido. Volveremos a hablar de ellas en relación con la verificación de aparatos reparados.

El físico Georg Simon Ohm expresó con una fórmula la relación entre tensión, intensidad y resistencia: la Ley de Ohm. La unidad de resistencia eléctrica le debe su nombre: ohmio, cuyo símbolo es Ω (omega, la última letra del alfabeto griego).

La resistencia óhmica de un aparato —al que en el lenguaje usual se denomina «consumidor»— impide que, para una tensión dada, la intensidad pueda aumentar hasta el infinito. La Ley de Ohm dice:

La intensidad en amperios es igual a la tensión en voltios dividida por la resistencia en ohmios:

$$I = \frac{U}{R}$$

o bien, mediante una transformación:

$$U = I \cdot R$$

o también

$$R = \frac{U}{I}$$

Supongamos un consumidor de gran capacidad, por ejemplo un motor, o un aparato de calefacción, con una tensión de funcionamiento de 220 voltios y una potencia de 2.200 vatios. Según la fórmula de la potencia, circulará una corriente de 10 amperios. Llevando estos valores a las fórmulas anteriores, tenemos:

$$R = \frac{U}{I} = \frac{220}{10} = 22\,\Omega$$

Si el fusible está preparado para los 16 amperios usuales, esto significa que los cables de la pared, el enchufe y los cables del aparato son adecuados para este valor. Si el valor fuese mucho más elevado se produciría a un calentamiento tan intenso que podría originar un incendio. Si ahora, inocentemente, enchufamos dos aparatos de este tipo a una base de enchufe múltiple, la resistencia se divide por dos: 11 ohmios. En ese caso circulará una corriente de

$$I = \frac{U}{R} = \frac{220}{11} = 20\,A$$

La instalación no lo resistirá mucho tiempo. Si todo estuviese bien, al poco tiempo saltaría el fusible. Y, sin embargo ¡ambos aparatos están en buenas condiciones! Por lo tanto, en lugar de hablar de «cortocircuito» hay que decir «sobrecarga».

Un «corto» (-circuito) se produce cuando, en cualquier lugar, entran en contacto dos conductores que deberían estar aislados entre si. Como la instalación y la conexión del aparato son buenas conductoras (de lo contrario habría grandes pérdidas térmicas), un circuito de este tipo, no deseado, tendría una resistencia muy pequeña, que vamos a suponer del orden de 0,5 ohmios. En este caso, al conectar, circularían (¡!)

$$I = \frac{U}{R} = \frac{220}{0,5} = 440\,A$$

Empleo técnico de la electricidad

Sólo los aparatos eléctricos más sencillos se basan en un solo principio; en la mayoría de ellos, por el contrario, se precisa de la acción conjunta de distintos componentes: calefacción, ventiladores, termostatos de control y otros. Dada la multiplicidad de marcas y diseños, sería deseable aprender a disponer correctamente los distintos componentes en el interior del aparato y entender lo esencial de su funcionamiento. El capítulo que sigue presenta los principales tipos de aparatos en la medida en que pueden repararse sustituyendo las piezas averiadas por otras de recambio, y algunos de sus componentes.

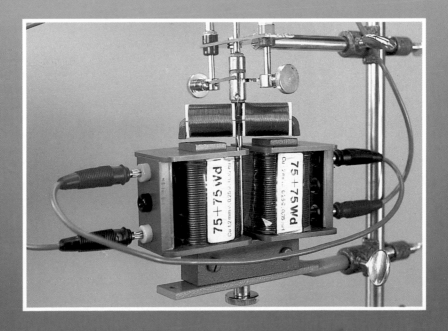

Lámparas

Lámparas de incandescencia

La lámpara de incandescencia **(1)**, inventada en 1879, sigue siendo el medio de alumbrado más extendido. Los motivos son simples: es manejable, barata y se puede emplear sin problemas en todas partes. Si las tensiones son muy bajas, el filamento incandescente es muy corto, y su forma puede aproximarse a la ideal: un punto, que permite construir proyectores de gran alcance. Trátese de linternas de bolsillo, del alumbrado de bicicletas, de proyectores de diapositivas o de faros de automóvil, estas lámparas son insustituibles. Sin embargo, tienen un inconveniente esencial que reviste especial importancia en nuestra época, en que se busca el ahorro de peso: ¡la lámpara de incandescencia es antieconómica! Sólo el diez por ciento de la energía eléctrica se transforma en luz, el resto en calor innecesario.

El funcionamiento de la lámpara de incandescencia se basa en el efecto térmico de la corriente eléctrica. Un conductor con resistencia específica alta se calienta hasta la temperatura del rojo blanco al ser atravesado por una corriente eléctrica de suficiente intensidad. En condiciones normales, esto sólo funciona bien durante corto tiempo, porque el conductor se funde. Por esta razón, a falta de aleaciones metálicas apropiadas, los primeros filamentos de incandescencia se hicieron de carbón, pero eran poco duraderos, extraordi-

Fig. 1

Fig. 2

nariamente sensibles y no podían calentarse hasta el rojo blanco de radiación clara. En la práctica, un filamento de incandescencia sólo tiene una duración apreciable si se enciende dentro de un bulbo de vidrio, la bombilla, en que se haya hecho el vacío. Muy pronto aparecieron filamentos de aleaciones de tungsteno en sustitución de los de carbón. El rendimiento lumínico de las lámparas de incandescencia se fue mejorando constantemente. Un gran progreso fue el filamento bifilar, enrollado en espiral **(2)**. Al producirse la transformación de la energía en un espacio pequeño, la incandescencia era más clara, pero las pérdidas de calor no se redujeron en modo alguno.

En las primeras lámparas, se producía el máximo vacío posible por medio de bombas de vacío. A pesar de ello, los electrones emitidos arrancaban partículas del filamento que se iban depositando lentamente en la superficie interior de la bombilla de vidrio ennegreciéndola e impidiendo la salida de la luz.

Se llenó entonces la ampolla con un gas noble (el criptón) que favorecía el rendimiento lumínico y contrarrestaba la erosión del filamento.

Desde luego, no es posible fabricar lámparas de incandescencia del tamaño que se desee. Cuanto mayor es la potencia, menor es su duración. Por eso era necesario encontrar otra solución para todos aquellos objetos que han de iluminarse en una gran superficie.

Lámparas de arco

Una de sus primeras aplicaciones fue el alumbrado público de calles y plazas. Se intentó hacerlo con lámparas de arco voltaico, en las que se establece un arco eléctrico entre dos puntas de carbón. El calor perdido con este procedimiento es considerable, no obstante lo cual el arco eléctrico o arco voltaico se sigue utilizando hoy en soldadura y para la fusión del acero.

Tubos luminosos

La luz eléctrica «fría» —un sueño acariciado durante muchos decenios— se consiguió, en cierto modo, con las distintas lámparas de descarga. Este tipo de lámpa-

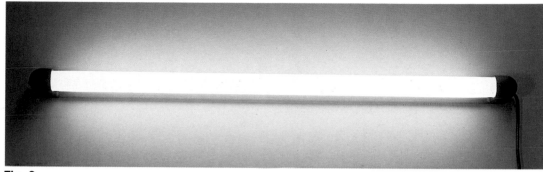

Fig. 3

ras de neón, argón, helio y otros gases nobles se utilizaron entonces y siguen utilizándose sólo para grandes instalaciones de alumbrado. Al principio eran demasiado peligrosas para el uso doméstico por las altas tensiones necesarias (más de 1.000 voltios); por otra parte, eran poco manejables y excesivamente caras. Como «lámparas de neón», han conquistado el campo publicitario al que han aportado amplias posibilidades de configuración y un considerable ahorro de energía.

Lámparas fluorescentes

Fueron los tubos fluorescentes (3) los que trajeron el progreso a la luminotecnia.

El tubo fluorescente es una lámpara de vapor de mercurio con dos inconvenientes: alta tensión de encendido y luz débil y azulada. Sin embargo, algunos trucos técnicos hicieron posible su empleo en la forma actual.

Un revestimiento fluorescente en la superficie interior del tubo hace que una parte de las radiaciones invisibles se conviertan en luz visible, obteniéndose así

Fig. 4

Fig. 5

el deseado aumento del rendimiento lumínico. Además, el color de la luz varía según la composición del revestimiento. (La luz azulada del vapor de mercurio se consideraba desagradablemente fría.)

Con otro truco se obvió la necesidad de la alta tensión de encendido, 1.000 voltios.

El rendimiento lumínico de un tubo lleno de gas, en que la corriente pasa a través de dos electrodos, sólo es satisfactorio si los electrodos están muy alejados entre sí, es decir, si los tubos son muy largos. Para salvar esta distancia, a fin de conseguir que los electrones se muevan con rapidez, se necesita una tensión muy alta, a no ser que el gas se caliente previamente. Por esta razón, los tubos fluorescentes llevan en cada extremo una espiral calefactora (electrodos de incandescencia) y las dos patillas de contacto; en total cuatro patillas, lo que resulta un tanto desconcertante.

La figura (4) representa un tubo fluorescente viejo, que se ha encendido muchas veces. El constante bombardeo electrónico de los electrodos de incandescencia ha destruido la materia fluorescente en una zona.

Un cebador automatiza el proceso de encendido (5).

El funcionamiento de la bobina necesaria para ello no es fácil de explicar. En este caso sirve para aumentar momentáneamente la tensión a varios centenares de

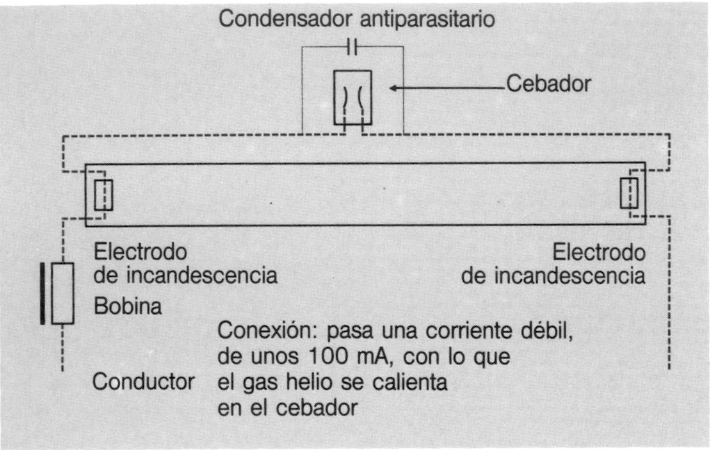

Fig. 6

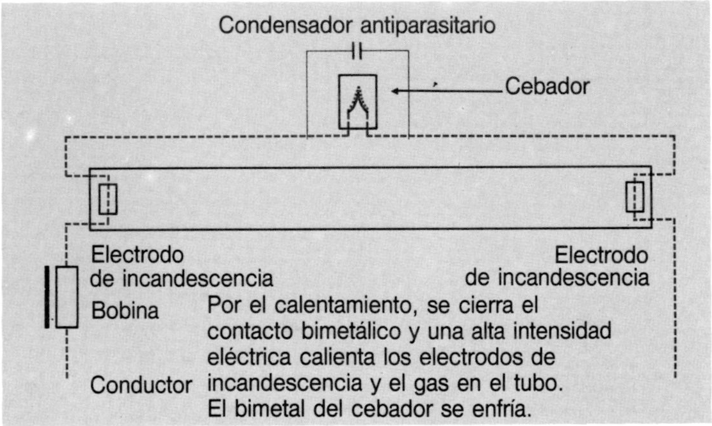

Fig. 7

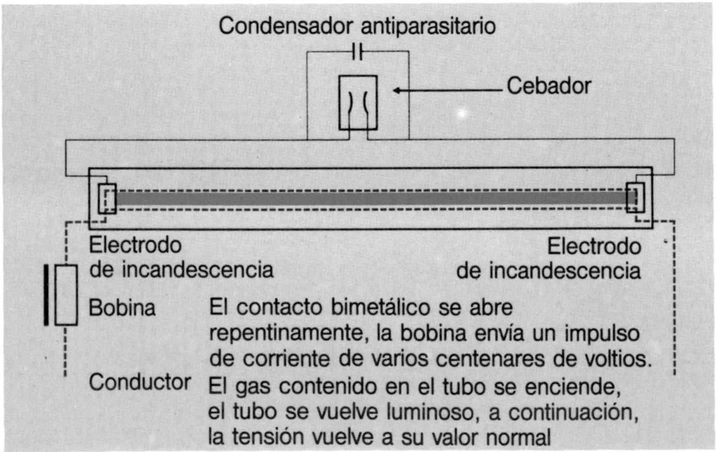

Fig. 8

voltios, que encienden el tubo. Con el progresivo calentamiento de éste, ahora encendido, disminuye su resistencia, con lo que aumenta la corriente, lo cual, de no evitarse, acabaría por destruir el tubo. La bobina hace ahora de resistencia inductiva (inductancia) que se calienta muy poco y, en consecuencia, origina pocas pérdidas. Además, la bobina evita que lleguen a la red las perturbaciones de alta frecuencia que produce la descarga gaseosa (interferencias radiofónicas).
Los procesos del encendido se representan esquemáticamente en las figuras **(6)**, **(7)** y **(8)**.

Calefacción eléctrica

Al contrario de la lámpara de incandescencia y de otros consumidores en que el desarrollo de calor es un fenómeno indeseado, los aparatos térmicos están construidos, precisamente, para transformar la corriente eléctrica en la mayor cantidad posible de calor.
Como elementos calefactores se utilizan preferentemente espirales de alambre de aleaciones metálicas apropiadas («Ceckas») **(1)**.
Cada metal opone al paso de la corriente eléctrica una resistencia distinta. Mientras que en las líneas eléctricas resultan ventajosos los metales cuya resistencia específica es pequeña (cobre, raras veces, por ser menos bueno, aluminio, plata en electrónica), en los alambres de calefacción lo que se desea es precisamente lo contrario, incluso para no tener que aumentar demasiado

Fig. 1

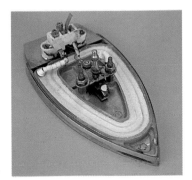

Fig. 2

la longitud de los alambres y, por tanto, el espacio ocupado por los elementos calefactores.

Como material para las resistencias de calefacción, no es posible elegir, sin embargo, el metal de mayor resistencia específica (que sería el manganeso, con 1,85 ohmios para 1 m de alambre de 1 mm² de sección; el cobre, por ejemplo tendría 0,0179). Por regla general se trabaja con alambres calentados al rojo o al rojo-amarillo, por lo que hay que procurar que las espirales resistan las altas temperaturas el mayor tiempo posible. Uno de los grandes problemas fue, desde el primer momento, el aislamiento resistente al calor de los alambres al rojo y de los cables de alimentación, que no se calientan por la circulación de la corriente, sino por el contacto con los alambres al rojo y por el calor ambiental.

Durante mucho tiempo, se fabricaron elementos calefactores bastante duraderos con delgadas placas de mica que, estampadas formando nervaduras, se envolvían en alambres planos, es decir, en delgadas bandas de material resistente. A ambos lados se colocaban placas de mica

de mayor tamaño. Este paquete tenía que comprimirse por medio de tornillos, entre dos placas de acero para que el elemento calefactor no se arquease y sus espiras no pudiesen desplazarse de modo que se produjesen cortocircuitos.

La segunda dificultad es la siguiente: los alambres de la resistencia se dilatan muchísimo bajo la acción del calor. Si se ha previsto el aire como parte del aislamiento (es decir, los alambres o espirales se tienden libremente entre dos puntos fijos), las distancias deberán ser lo bastante grandes para que las espirales, dilatadas por el calor, no puedan tocarse en ningún caso.

También la distancia entre las distintas espiras influye en la duración del elemento calefactor. Las zonas con escasa distancia entre espiras son «focos» que se calientan más que los trozos en que la distancia entre espiras es mayor, con el consiguiente riesgo de que la resistencia se queme. Esto significa que, al sustituir las espirales en las reparaciones, se ha de proceder con mucho cuidado para no deformarlas.

Al principio, en las placas de una cocina eléctrica de gran poten-

cia, y más tarde en las planchas de cocina y en las planchas para ropa, las espirales se colocaban en ranuras fresadas en gruesas placas de acero o aluminio, en las que se vertía una papilla de chamota o tierra refractaria. Estos elementos calefactores (2) son casi indestructibles, pero no tienen reparación.

Embebidos en material refractario de forma análoga, encontramos los calefactores tipo varilla, de las más distintas formas, así como algunos tostadores o parrillas (3), y los calentadores de las lavadoras y de otros aparatos ca-

Fig. 3

lentadores de agua. También los mal llamados calefactores de «rayos infrarrojos», para cuartos de baño y terrazas suelen llevar elementos de este tipo. La espiral calefactora con su aislamiento refractario se encuentra, en todos ellos, alojada en un tubo de acero que la protege mecánicamente y, al mismo tiempo, la asegura contra contactos eléctricos.

En un radiador de infrarrojos propiamente dicho, la espiral calefactora va alojada en un tubo de cristal de cuarzo. En este caso, la espiral ha de estar arrollada y dimensionada en longitud de manera que, al enfriarse, se alargue como un muelle helicoidal.

Si no fuese así, las espiras podrían quedar demasiado cerca unas de otras al producirse la dilatación por el calor.

En cuanto a la forma de transmisión del calor al medio ambiente, hay que distinguir entre aparatos de calefacción por contacto (placas de cocina, planchas), aparatos de calefacción por radiación (radiadores de cuarto de baño, barras de infrarrojos), aparatos de calefacción por convección (calor circulante) y aerotermos o termoventiladores, en los que la circulación del aire caliente se acelera por medio de un ventilador. Un caso particular lo constituyen los radiadores de calor en forma de lámpara de incandescencia que se utilizan en medicina, cosmética y cría de animales. El empleo de la corriente eléctrica para la calefacción de habitaciones y para la producción de agua caliente es antieconómico y también de dudosa inocuidad en lo que respecta a la conservación del medio ambiente.

Fig. 4

Fig. 5

La cocción con corriente eléctrica está sujeta a tantas pérdidas porque es difícil conseguir tanto una placa de cocina totalmente plana como un fondo de olla totalmente plano. Si entre ambas hay aire —el aire es un buen aislante térmico— la transmisión del calor entre ambos será mala necesariamente.

La calefacción eléctrica de habitaciones es cara. No es difícil entender el motivo de la poca rentabilidad de la calefacción eléctrica si nos detenemos a pensar cuántas transformaciones son necesarias para llevar a toda la habitación el

calor utilizado en el origen de la cadena: las altas temperaturas producidas por el carbón, el gas o la fisión nuclear transforman el agua en vapor. En la turbina se produce la transformación en energía mecánica que el generador eléctrico convierte en energía eléctrica.

La calefacción por acumuladores de calor nocturnos, a la que se ha dado publicidad durante tanto tiempo, no aporta ninguna mejora esencial. Incluso introduce un paso de transformación adicional. Su precio favorable se consigue por un desplazamiento en el tiempo: la calefacción durante la noche, cuando las centrales eléctricas están menos solicitadas, aunque tengan que seguir en funcionamiento, y la toma, durante el día, del calor acumulado en bloques cerámicos. No todas las centrales eléctricas tienen un superávit nocturno o una red de distribución suficientemente potente como para poder ofrecer la calefacción por acumulación nocturna. Esta laguna la han aprovechado algunos negociantes avispados para endosar «calefacciones por acumulador de calor» a unos clientes poco versados en física. En estos sencillos aparatos, las resistencias calefactoras están envueltas en tierra refractaria (chamota) o calientan aceite portador de calor. Al cliente se le hace ver el tiempo que estos aparatos se mantienen calientes una vez desconectados. Lo que el hábil vendedor oculta, con mucha palabrería, es el tiempo que estos aparatos tardan en calentarse y durante el cual apenas ceden calor.

Aparte de los radiadores de baño, ya mencionados en varias

ocasiones, hay que hablar también de la calefacción por convección **(4)** (aquí representada en su versión mural, que ahorra espacio). El tiempo de caldeo es corto. También son muy buenos —pero sólo para locales secos— los aerotermos o termoventiladores **(5)** Ambos tipos de aparatos tienen, con respecto a las estufas acumuladoras, la ventaja de que desconectándolos al salir de la habitación no siguen emitiendo un calor innecesario. Los aerotermos son también los que responden con mayor rapidez al conectarlos.

Motores eléctricos

Motores de corriente continua, motores universales

Si se acerca un electroimán fijo a otro provisto de apoyos sobre los que pueda girar, este último girará hasta que los polos de signo contrario de ambos electroimanes se aproximen todo lo posible **(1)**. Si, por conmutación, se invierte la polaridad eléctrica (+ y −) y, por lo tanto, también la magnética, ambos imanes se repelerán.

El conmutador —en este caso dos valvas metálicas **(2)**— también se denomina «colector», y las dos «escobillas» (que aquí son dos sencillas tiras flexibles de chapa, aunque, en la práctica se suelen denominar también «carbones») forman parte del conmutador y permiten, al mismo tiempo, la alimentación eléctrica del electroimán giratorio, que se denomina «rotor» o «inducido».

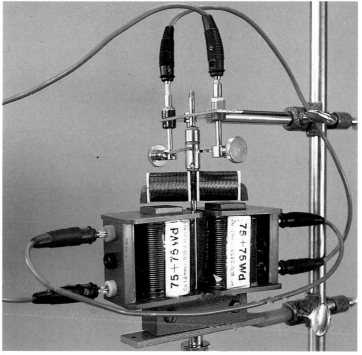

Fig. 1

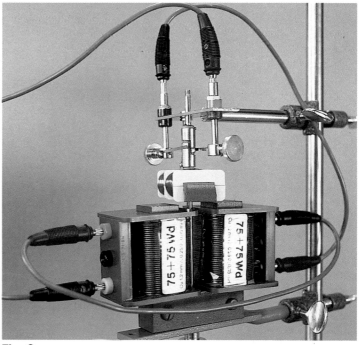

Fig. 2

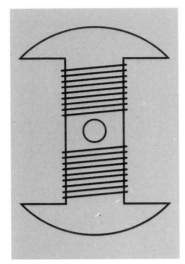

Fig. 3

El inducido en doble T, inventado por Werner von Siemens **(3)** permitió aprovechar económicamente la disposición que antes no lo era técnicamente. Equipando el inducido con tantos polos magnéticos y bobinas (o «devanados») como permitiese el espacio disponible, y transformando el electroimán fijo («estator») en un cuerpo circular, se creó el motor de corriente continua.

Muy pronto se vio que este motor podía funcionar igualmente con corriente alterna, de ahí que se le denominase también «motor universal». Hubo que construir ambos cuerpos magnéticos con chapas aisladas entre sí por medio de capas intermedias de papel. Esto fue necesario porque la corriente alterna induce en el núcleo de hierro una corriente eléctrica que no es deseable y que produce el calentamiento del motor.

Este motor universal tiene algunas ventajas. Se caracteriza por su gran momento o par de giro, es decir, no sólo funciona en va-

cío (lo cual no sería práctico), sino incluso cuando está sometido a una carga. Si se aumenta la carga mientras gira a la máxima velocidad, reacciona perdiendo revoluciones; se le puede detener con una fuerza relativamente pequeña. Desde luego, se calienta mucho al funcionar en carga. Los alambres de los devanados se dilatan, se aproximan mutuamente por la fuerza centrífuga y, si el aislamiento se deteriora en algún punto, se reduce de modo inadmisible la resistencia del devanado, con lo que la intensidad de la corriente aumenta y los devanados, o su aislamiento, se queman.

Tenía un grave inconveniente que no se logró superar durante muchos años: Este motor sólo tiene buena potencia mecánica cuando gira a gran velocidad. Sin embargo, rara vez es posible aprovechar directamente un número elevado de revoluciones, unas 20.000 n (revoluciones por minuto, o también «rpm»), tan sólo en casos muy concretos como, por ejemplo, en las fresadoras de superficie portátiles o en las lijadoras o amoladoras rectas. Reducir las revoluciones mediante un mecanismo de engranajes es problemático. Un piñón pequeño que gire a 20.000 rpm hará al mecanismo muy susceptible de averiarse, dado que su lubricación fiable es muy difícil.

El progreso de la electrónica hizo posible emplear velocidades de giro restringidas e incluso regulables, gracias a lo cual el motor universal llegó a serlo en el más amplio sentido de la palabra. El funcionamiento de la regulación electrónica de las revoluciones

Fig. 4

es algo muy complejo. Sin embargo, es fácil de explicar si prescindimos de toda teoría: la alimentación eléctrica del motor se conecta y desconecta constantemente; por lo tanto, lo que el motor recibe es una sucesión de impulsos de corriente, si bien esto no se hace por medios mecánicos, ya que la sucesión de conmutaciones es de 3.000 rpm (a 50 Hz).

En la pantalla del osciloscopio, del que ya se ha hablado, la imagen presenta el aspecto de la figura **(4)**, en la que parece que se ha «cortado» un trozo de la fase ascendente de la corriente. Los elementos electrónicos de control impiden que un motor que se haya calentado hasta el punto crítico continúe funcionando, evitando así que se queme. Esta función sólo puede realizarse de modo fiable por medio de componentes electrónicos, ya que los termostatos mecánicos (interruptores térmicos) son demasiado imprecisos y tienen demasiada inercia.

Así pues, el motor universal ha experimentado un desarrollo que permite utilizarlo para grandes potencias —incluso del orden de los 2 kW— y, por otra parte, también para accionamientos relativamente lentos. La figura

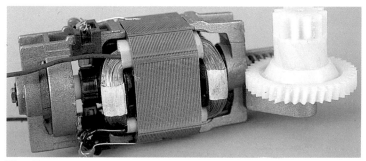

Fig. 5

Fig. 6

(5), por ejemplo, representa el motor de una sierra universal, al que se han acoplado un engranaje helicoidal y el piñón que engrana en la rueda dentada de la cuchilla circular.

No todos los electrodomésticos que podemos comprar tienen un motor con regulación electrónica y control térmico. Para economizar en la fabricación de los motores, se reduce el número de polos y devanados del inducido. Estos motores —típico ejemplo: molinillo de café— alcanzan temperaturas críticas en pocos minutos. Debiera respetarse siempre la advertencia que figura en la placa de características de estos aparatos, como «Tiempo máximo de funcionamiento continuo: 5 minutos». Con un molinillo que lleve esta indicación no se deben triturar granos de cereales para «müsli», si se hace, el aislamiento de esmalte del motor olerá pronto a quemado.

Motores trifásicos, motores de corriente alterna

En «Generalidades sobre la electricidad» tuvimos ocasión de leer cómo se genera la corriente tri-fásica y cómo genera, en el estator de un motor con tres pares de devanados, un campo giratorio capaz de arrastrar a un rotor sin que haya que invertir el sentido de la corriente y, por lo tanto, la polaridad magnética, por medio de un colector.

En lugar del colector, los motores trifásicos tenían tres anillos de fricción o «anillos rozantes» a través de los cuales se alimentaban, mediante escobillas, las tres fases de los devanados del inducido. Por efecto de la inducción (véase «Transformadores»), en los devanados del inducido de un motor, cuyo estator se alimente con una corriente alterna, circulan unas corrientes eléctricas que se unen entre sí en los extremos de los devanados del inducido, es decir, que están en cortocircuito. El motor funciona, pues, sin que el rotor reciba corriente a través de las escobillas y de los anillos de fricción. Naturalmente, es muy fácil construir un motor de este tipo. Al no tener anillos de fricción, es más corto y no requiere mirillas de control y mantenimiento, incluso puede hacerse totalmente cerrado si se le proporciona refrigeración por otro procedimiento **(6)**. Las corrientes del inducido aumentan hasta un valor conside-rable, pero no se llevan ya a los devanados, sino a unas simples varillas. Los anillos de cada extremo establecen el cortocircuito necesario. Debido a esta configuración, el motor se denomina de inducido en cortocircuito, o en «jaula de ardilla». Podría pensarse que el inducido de este motor gira a 3.000 rpm si el campo giratorio (a los 50 Hz usuales) lo hace a esta misma velocidad. Pero ocurre, que sólo se inducen corrientes en el inducido si éste no gira sincrónicamente con el campo giratorio del estator. En consecuencia, este tipo de motor se denomina también «motor trifásico asíncrono».

El retardo del inducido se rige por una determinada ley: en lugar de 3.000 rpm (que sería la velocidad de giro de un motor síncrono) el motor con tres pares de devanados gira a 2.800 o 2.850 rpm, el de seis pares de devanados a algo más de 1.400 rpm, en lugar de 1.500. Sin embargo, el motor mantiene bastante constantes estas revoluciones: la diferencia entre el funcionamiento en vacío y el funcionamiento en carga es insignificante. Si la carga aumenta por encima de lo debido, el motor se para inmediatamente y se quema. En esto se diferencia (no por su construcción eléctrica, sino por la característica de comportamiento) del motor universal, cuyas revoluciones dependen considerablemente de la carga y que, en caso de sobrecarga, sigue «esforzándose» hasta que se quema en pleno funcionamiento.

Por esta razón, el motor asíncrono se utiliza preferentemente para el accionamiento de máquinas herramientas con cambios de carga que se produzcan sucesivamente, pero también para la mayoría de los demás accionamientos.

Su empleo no es posible si se ha de poder regular el número de revoluciones. Durante muchos años, la única posibilidad de modificar las revoluciones consistió en la conmutación del número de polos. Así, un motor de 2.800 rpm podía conmutarse a 1.400, o uno de 1.400 rpm a 710 rpm. Los gastos que implicaban los devanados adicionales no eran despreciables y, además, el motor «con conmutación de polos» requiere más espacio a igualdad de potencia.

La posibilidad de regular las revoluciones por medio de la electrónica es un logro muy reciente. Existen ya locomotoras eléctricas en que se utiliza esta técnica. En muchos casos hay problemas porque los motores con inducido en cortocircuito absorben intensidades de corriente muy altas al conectarlos. La corriente de arranque no desciende al valor normal hasta que el motor ha alcanzado su velocidad de régimen, lo que puede tardar bastante si el arranque se efectúa en carga.

Los motores de inducido con

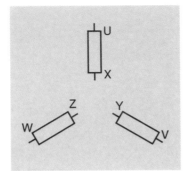

Fig. 7

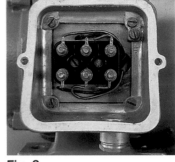

Fig. 8

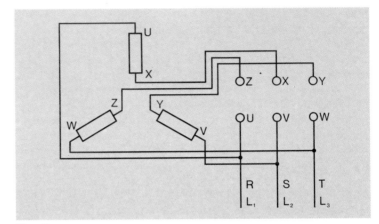

Fig. 9

anillos se llevaban lentamente a sus revoluciones de régimen con ayuda de resistencias de arranque, lo cual, naturalmente, no es posible si el inducido no recibe ningún tipo de alimentación eléctrica. Por esta razón se recurre a un procedimiento basado en las propiedades de la conexión en estrella o en triángulo (véase el capítulo «Generalidades sobre la electricidad»). Cuando aún había redes trifásicas a 220 voltios, las posibilidades de esta conmutación de arranque estrella-triángulo eran más variadas.

Los conductores trifásicos procedentes de la central eléctrica se denominan ahora L_1, L_2, L_3 y neutro. Antes, la denominación era R, S, T y cero.

Las conexiones de los pares de devanados del motor se numeran correlativamente **(7)** y se llevan al cuadro de bornes del motor **(8)**, tal como se ve en la figura **(9)**. Ahora puede efectuarse la conmutación muy fácilmente con sólo cambiar las chapitas perforadas (puentes) del motor a estrella **(10)**, **(11)** o a triángulo **(12)**, **(13)**.

Los motores pequeños se fabrican preferentemente para tensiones de 220/380 voltios **(14)**. Cuando aún había redes trifásicas de 220 voltios, este

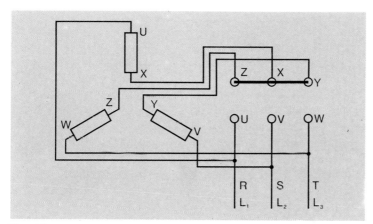

Fig. 10

Fig. 11

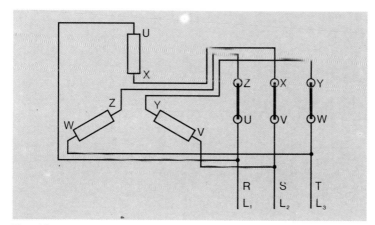

Fig. 12

Fig. 13

Fig. 14

motor podía funcionar a 220 voltios en triángulo y a 380 voltios en estrella. Sin puentes en el cuadro de bornes y 7 conductores (el 7° es el conductor verde-amarillo de protección) y un conmutador estrella-triángulo, el motor puede arrancar en la posición ⅄ (estrella) con 220 voltios y, sin embargo, ¡está conectado para funcionar a 380 voltios! Una vez alcanzadas las revoluciones de régimen, ha de conmutarse a △ (triángulo) ya que, de lo contrario, funcionaría sobrecargado. Con el fin de limitar los picos de carga, las centrales eléctricas

prescriben el procedimiento de arranque en estrella-triángulo a partir de una determinada potencia del motor. Con las redes de 380 voltios que hoy son usuales, se necesita un motor de 380/660 voltios. Si al conectar un motor asíncrono falta una fase (fusible desconectado, cable interrumpido), el motor zumba y, en algunos casos, puede girar en sentido contrario, quemándose al poco tiempo. Si se interrumpe una fase durante el funcionamiento, no siempre se nota, pero el motor también se destruye. Por esta razón, los motores trifásicos

—especialmente los instalados en máquinas portátiles con conexión mediante cable y enchufe— han de funcionar provistos de lo que se denomina «guardamotor» (interruptor de seguridad para el motor). Este dispositivo se desconecta inmediatamente en caso de que falle una fase.

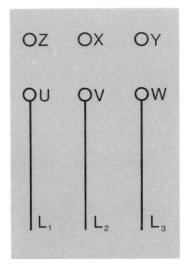

Fig. 15

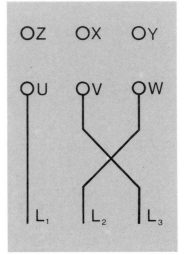

Fig. 16

Fig. 17

El sentido de giro de los motores asíncronos se invierte permutando dos conductores **(15, 16)**. Hay enchufes especiales, denominados inversores de polaridad, que permiten cambiar la posición de dos patillas girándolas con un destornillador.

Motores asíncronos monofásicos

Por su velocidad de giro constante y estable y el hecho de no requerir mantenimiento (pueden funcionar en servicio continuo), ofrecen tantas ventajas que pueden aprovecharse incluso cuando no se dispone de corriente trifásica.

Esto ha conducido al desarrollo de los motores monofásicos con inducido en cortocircuito. Tienen un par de devanados que corresponden, aproximadamente, a los tres de los motores trifásicos y, además, tienen otro par de devanados, desplazados 90° con respecto al anterior, que se de-

nominan «fase auxiliar». Existen numerosos circuitos y métodos destinados a conseguir el desplazamiento de fase necesario para que se forme un campo giratorio. El más conocido es el desplazamiento de fases por medio de un condensador montado fuera del motor.

El inconveniente de estos motores es su escaso rendimiento (50%, aproximadamente). No obstante, hay que aceptarlo porque para nuestros frigoríficos y para aparatos domésticos análogos, no existe otro tipo de motor apropiado.

Circuito Steinmetz

Si se ha de utilizar un motor trifásico donde sólo se disponga de corriente alterna monofásica, puede servir de ayuda, con ciertas limitaciones, el circuito Steinmetz.

Supongamos, por ejemplo, que el motor representado en la figura **(6)** tiene que funcionar de

esta manera: ante todo, habrá que conectarlo en triángulo **(12)**. Los conductores de fase y el neutro se conectan como indica la figura **(18)**. El tercer borne de conexión se une a un condensador y el otro contacto de éste se une al otro borne del motor. Para cambiar el sentido de giro hay que invertir las conexiones **(19)**.

Como norma orientativa en cuanto al tamaño del condensador, puede aplicarse la siguiente: 75 μF por kW a 220 V (μF, microfaradio, es la unidad de capacidad de los condensadores). Los condensadores de este tipo $(1{,}5 \ kW \cdot 75 \ \mu F \approx 110 \ \mu F)$ son relativamente caros. La cosa sería soportable en pequeños motores, por ejemplo de 0,30 kW, en que bastan 25 μF.

En la práctica es muy corriente utilizar condensadores de capacidad mucho menor. No hay más remedio que elegir motores de la potencia mínima admisible.

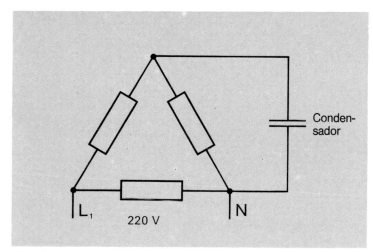

Condensador

L₁   220 V   N

Fig. 18

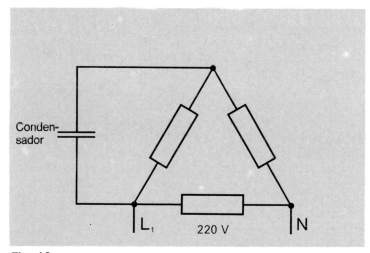

Condensador

L₁   220 V   N

Fig. 19

Electroimanes

Si enrollamos un alambre aislado a una varilla de hierro y hacemos circular por él una corriente continua, el hierro se magnetiza, se imana. Se supone que pequeñas partículas del hierro —que no son magnéticas— se reordenan bajo la influencia de la electricidad y por eso se produce este efecto. Al desconectar la corriente, en el hierro no queda más

que un magnetismo residual insignificante («magnetismo remanente») que, si bien no tiene aprovechamiento técnico, puede provocar algunas interferencias, por lo que se adoptan medidas especiales para neutralizarlas. El acero templado conserva el magnetismo y por eso los imanes fabricados con él se denominan «imanes permanentes».

Si el electroimán funciona con corriente alterna, el magnetismo

producido no es constante, porque la corriente alterna (a 50 Hz) invierte su sentido de circulación 3.000 veces por minuto. Es como si el electroimán se conectase y desconectase constantemente. Los electroimanes tienen gran importancia en Electrotecnia como componentes de los relés y contactores, que son conmutadores eléctricos que no se accionan manualmente, sino que se cierran y abren por medio de un electroimán. Los relés y los contactores se diferencian, no por su funcionamiento, sino, simplemente, por su tamaño.

Una de las razones para el empleo de relés o contactores suele ser el deseo de situar un conmutador lo más cerca posible del objeto que se ha de conectar, para manejarlo desde un punto más alejado de él.

Para conectar corrientes de alta intensidad, sería muy problemático hacer llegar las gruesas líneas necesarias a puntos muy alejados. Los cables de mando de un contactor son mucho más manejables y baratos. Por ejemplo, el motor de arranque de nuestro coche tiene que ponerse en funcionamiento por medio de un interruptor de grandes dimensiones. Si este interruptor se instala directamente junto al motor de arranque y se acciona por medio de un electroimán, para su conexión basta con un contacto en la llave de encendido.

Un relé o un contactor pueden abrir una serie de contactos, cerrando otros al mismo tiempo. Si el punto de conexión está muy lejos, en lugar de una línea de mando de dos conductores, hará falta todo un haz de cables. En los electroimanes que funcio-

Fig. 1

Transformadores

Los transformadores son cambiadores de tensión cuyo elevado rendimiento (hasta el 98% en grandes instalaciones) no tiene comparación en el campo de la Técnica. Su funcionamiento se basa en el principio de la inducción.

Sobre un núcleo de hierro se encuentran dos bobinas o devanados. El primero de ellos, denominado «primario», está conectado a la corriente alterna, la cual magnetiza el núcleo de hierro. El magnetismo induce una corriente eléctrica en el segundo devanado, o «secundario». Las diferencias de número de espiras del devanado y de grosor del alambre permiten que, manteniendo constante la tensión de entrada, en el devanado secundario puedan obtenerse tensiones o intensidades menores o mayores.

Esta propiedad del transformador es la razón de sus múltiples aplicaciones en Electrotecnia.

Como ya se ha dicho, el transporte con pocas pérdidas de la energía eléctrica a través de muchos kilómetros sólo es posible si la tensión es superior a 100.000 voltios. En el lugar de consumo, basta un transformador, que casi no requiere mantenimiento, y que, además, carece de piezas móviles, para transformarla en una tensión de 380 voltios que es más manejable. Al principio de la línea de transporte se necesita otro transformador para elevar la tensión de los generadores, que es demasiado baja para el transporte.

La soldadura eléctrica requiere altas intensidades (de 50 a 300

nan con corriente alterna se requieren una serie de disposiciones especiales para permitir el accionamiento. Ante todo, el núcleo del electroimán ha de subdividirse en chapas aisladas entre sí, para limitar las corrientes parásitas que se inducirían en los núcleos macizos del electroimán y los calentarían de modo inadmisible. Asimismo, hay que evitar, en lo posible, el «aleteo» debido a la corriente alterna. Por último, queda un zumbido que, en parte, se atenúa por medio de un condensador. En algunos campos de aplicación se amplifica el «aleteo» para obtener unas oscilaciones regulares y, de este modo, conseguir un accionamiento determinado. El ejemplo más conocido lo constituyen la mayoría de las afeitadoras eléctricas. También se fabrican con accionamientos de este tipo las sierras de podar, las de calar y otras herramientas.

La figura **(1)** representa una lijadora orbital con accionamiento magnético. Su principal ventaja reside en que el lijado es rectilíneo, mientras que los aparatos accionados por un motor giratorio dejan unas marcas de lijado circulares.

Del mismo modo que en Electrotecnia los electroimanes sirven para accionar los interruptores o conmutadores, en Neumática e Hidráulica se utilizan para accionar las válvulas. En los aparatos electrodomésticos, encontramos este tipo de válvulas magnéticas en las lavadoras y lavavajillas. Por medio de una corriente de control conectada por un reloj permiten que fluya el agua, y un interruptor de flotación situado en otro punto distinto cierra de nuevo la entrada de agua.

Los motores de freno —por ejemplo en los ascensores— suelen tener electroimanes levantafrenos. Esto significa que el frenado se produce por la fuerza de un muelle o por la fuerza de la gravedad mediante un contrapeso y, en caso necesario, el electroimán actúa en contra de esas fuerzas y abre los frenos. En caso de corte de corriente, el freno funciona automáticamente.

El caso más frecuente en que un electroimán trabaja para nosotros es cuando suenan el teléfono o el timbre de la puerta. También en estos casos se utiliza, para activarlo, un mando a distancia.

Fig. 2

Fig. 1

amperios) y sería muy peligrosa con altas tensiones. También en este caso se utiliza un transformador. La figura **(1)** representa el transformador de un aparato de soldadura portátil. Suponiendo que el aparato esté previsto para la conexión a 220 voltios, 16 amperios, tendríamos una potencia de 3.520 vatios.

Esto no es exacto por muchas razones. Sólo en la corriente continua y en el funcionamiento no inductivo con corriente alterna es tan sencillo el cálculo. Para indicar que hay que tener en cuenta los factores típicos de la corriente alterna, al hablar de la potencia de los transformadores se habla de voltamperios, en abreviatura VA. La potencia indicada en el ejemplo sería, pues, de 3.520 VA, o de 3,52 kVA (kilovoltamperios). Si con este transformador hay que soldar a 120 amperios, la tensión sólo podrá ser de 3.520 : 120 ≈ 30 voltios. En vacío, esta tensión puede subir hasta 70 voltios, pero un valor superior sería inadmisible.

La bajas tensiones domésticas, por ejemplo para las lámparas halógenas, para un tren eléctrico de juguete o para el timbre de la puerta, sólo pueden obtenerse sin peligro por medio de un transformador, si no se desea utilizar pilas o baterías. El aparato de la figura **(2)** es un pequeño transformador para timbre. La reparación de transformadores (nuevo devanado de las bobinas) no es viable. (Hace ya muchos años lo intentaron, con poco éxito, los radioaficionados.) Ahora, los pequeños transformadores resultan tan baratos, gracias a la automatización de su fabricación, que es preferible cambiarlos completos. Únicamente se devanan de nuevo los grandes transformadores para soldadura, y esto sólo se hace en talleres especializados, ya que constituye un trabajo artesanal.

Condensadores

El funcionamiento de los condensadores es un fenómeno para el que no existe ninguna explicación fácil.

El condensador está construido exactamente tal como se representa en los esquemas eléctricos **(1)**. Dos placas de material conductor, separadas por un material aislante (que puede ser el aire), se conectan a sendos cables conductores de corriente.

Es difícil entender que entre ambas placas se realice un intercambio de tensiones, estando perfectamente aisladas entre sí, pero lo cierto es que, si el aislamiento es defectuoso, el condensador no existe.

De hecho, el condensador permite pasar la corriente alterna, pero no la continua. Puede almacenar cargas eléctricas durante corto tiempo. Si se le aplica una tensión continua, circula corriente durante un breve período, cosa que se puede apreciar mediante una lámpara de efluvios. Cuando se apaga ésta, es que el condensador ha admitido su máxima carga. La descarga —con un fuerte chasquido y salto de chispas en los condensadores grandes— se produce cuando se ponen en cortocircuito las conexiones del condensador.

La capacidad (carga) del condensador se indica en «faradios», del químico y físico Faraday. El faradio es una unidad muy grande, por lo que, en la práctica, solemos encontrar su millonésima parte, el microfaradio (µF) u otras mucho más pequeñas: el picofaradio (pF) y el nanofaradio (nF).

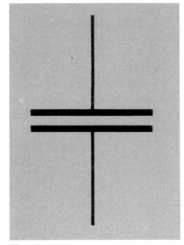

Fig. 1

Fig. 2

El aislamiento intercalado entre las placas o revestimientos del condensador se denomina «dieléctrico» y puede producirse electroquímicamente. Estos condensadores «electrolíticos» sólo pueden utilizarse en circuitos de corriente continua y se destruyen si se confunde su polaridad (cambio de + por −) **(2)**.

La capacidad del condensador depende del tamaño de las superficies activas. La mayoría de los condensadores está formada por dos láminas de aluminio enrolladas, con una capa intermedia de papel (preparado). De ahí su forma cilíndrica que es la más usual. Los condensadores se encierran en vasos de aluminio **(2)** o en rollitos de papel duro, ya que la humedad podría afectar la seguridad de funcionamiento del dieléctrico.

En los aparatos eléctricos con motores universales, se montan condensadores antiparasitarios. Cuando saltan chispas, se emiten ondas de alta frecuencia que pueden perturbar o interferir (pa-

rásitos) la recepción de emisiones de radio y de televisión. Los condensadores antiparasitarios para aparatos producidos en grandes series, suelen fabricarse expresamente. Una caja de condensadores puede contener dos o tres condensadores separados entre sí que, en el interior, se unen para formar un circuito individual. En este caso, salen al exterior tres o más cables de conexión.

La «perforación» (destrucción del dieléctrico) en un condensador antiparasitario produce un cortocircuito. La sustitución debe hacerse necesariamente con piezas originales. En muchos circuitos antiparasitarios hay un condensador entre el conductor de fase y el neutro o entre el conductor de fase y el de protección. Hay que advertir que el empleo de condensadores de valor inadecuado o los cambios de conexión pueden tener malas consecuencias. Otro campo de aplicación de los condensadores (grandes) es en el desplazamiento de fases para el funcionamiento de los motores monofásicos con inducido en cortocircuito.

Corriente continua

La batería (acumulador) de un automóvil **(1)** es, actualmente, el generador de corriente continua más conocido, junto a las dínamos y rectificadores. Acumulador significa «colector», término que sugiere recogida y almacenamiento. La energía eléctrica no se puede guardar para los «malos» tiempos, como el petróleo; la carga del acumulador efectúa una transformación química de las placas del acumulador, que, de este modo quedan en condiciones de generar electricidad de forma muy parecida a la de los elementos galvánicos, como las pilas de las linternas de bolsillo. Las corrientes continuas de elevada intensidad o tensión se prefiere obtenerlas «filtrándolas», por así decirlo, de la corriente alterna de que se dispone en todas partes. Se dice que la corriente alterna se rectifica por medio de rectificadores, lo cual no es del todo exacto. Así se obtienen ya potencias del orden de 1,6 kW (20 voltios, 80 amperios), para los aparatos portátiles de soldadura bajo gas protector. La figura **(2)** representa el rectificador de un aparato de este tipo. Seis rectificadores a base de semiconductores están remachados en los orificios de una placa de aluminio disipadora de calor y conectados en paralelo. En las figuras **(3)** y **(4)** pueden verse rectificadores más pequeños.

La corriente continua pura, como la que se obtiene con los elementos galvánicos, daría en la pantalla del osciloscopio una línea recta, sin oscilaciones ni irregularidades.

Fig. 1

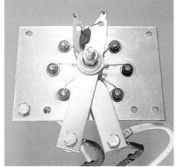

Fig. 2

Fig. 3

Fig. 4

En cambio, con la corriente continua obtenida por simple rectificación unidireccional de la corriente alterna, la cosa es distinta. Como puede verse, una de cada dos semiondas (opuestas) se «corta» **(5)**, por lo que la corriente varía —al ritmo de la primitiva corriente alterna— 50 veces por segundo.

Si esta corriente continua se utiliza para el funcionamiento de motores, provoca zumbidos, y para los aparatos de radio sencillamente no puede utilizarse. Por esta razón, en dichos aparatos se emplea una rectificación bidireccional, que suprime la onda aún visible en la figura **(5)**, más una cadena de filtrado formada por condensadores y una bobina.

La figura **(6)** es un dispositivo acoplable para pequeños motores de corriente continua con dos rectificadores de silicio fijados entre elementos disipadores (de aluminio) y de montaje; el condensador de filtro suprime el zumbido.

Para ciertas actividades de tiempo libre (camping) se desea, muchas veces, poner en funcionamiento los aparatos electrodomésticos a 220 voltios con la batería del coche. Un transformador puede, evidentemente, transformar los 12 voltios de la batería a 220 voltios, pero necesita corriente alterna a la entrada. En tiempos, se construían para ello onduladores de corriente, que «troceaban» la corriente continua en impulsos, como en un timbre eléctrico («martillo de Wagner») y esta corriente continua troceada puede transformarse.

Pero también en este campo la

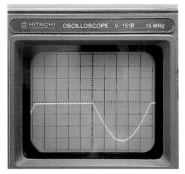

Fig. 5

Fig. 6

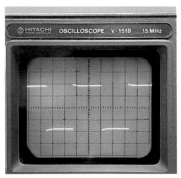

Fig. 7

Electrónica ha aportado algo mejor. El ondulador electrónico suministra impulsos positivos y negativos de corriente **(7)** que aumentan el rendimiento.

Conmutadores y circuitos

En el caso más sencillo, el conmutador (en este caso «interruptor») cierra o interrumpe un circuito eléctrico cuando se acciona manualmente. También se podría, desde luego, enchufar o desenchufar el aparato en vez de accionar el interruptor, pero está claro que a nadie le agradaría hacerlo así. La conmutación debe hacerse de la forma más cómoda posible.

Los conmutadores que, por diversas razones, han de situarse lejos del punto de conmutación pueden gobernarse con un electroimán, el cual puede accionarse por medio de un circuito totalmente distinto y, en caso necesario, con otros tipos de tensión o de corriente (véase también el capítulo «Electroimanes»).

El nivel de agua de la lavadora o del lavavajillas conecta o desconecta la válvula magnética por medio de un electroimán; el «contactor contra funcionamiento en seco», es un interruptor sensible al calor que pone fuera de servicio el sistema de calefacción cuando el calor aumenta por falta de agua. Los conmutadores sensibles al calor se denominan «termostatos», porque su misión consiste en mantener estable una determinada temperatura. Un calefactor eléctrico no puede suministrar exactamente la cantidad de calor más adecuada en cada momento, por lo que siempre se diseñan sobredimensionados. Si el calor es excesivo, el termostato desconecta el calefactor hasta que se ha bajado la temperatura, desciende al va-

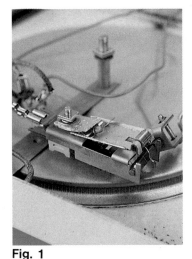

Fig. 1

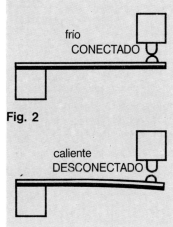

frío
CONECTADO

Fig. 2

caliente
DESCONECTADO

Fig. 3

mada por estos dos metales, se curva y —si se sujeta en posición fija por uno de sus extremos— el otro puede servir para abrir un contacto **(2, 3)**.

El termostato se monta en el interior del aparato, en un lugar en que esté expuesto a la corriente de aire caliente (termoventiladores, calefacción por convección) o donde tenga contacto directo con la pieza caliente (placa de cocina, plancha). A veces se fija a la tira bimetálica un pequeño elemento calefactor **(4)**.

Al abrirse un circuito eléctrico, como ya se ha dicho anteriormente, se produce una chispa. Para interrumpir el salto de la chispa, los conmutadores se construyen de manera que se abran con la mayor rapidez posible. Para evitar la lentitud de la conmutación manual, al iniciar el accionamiento del conmutador se tensa un muelle que aumenta la velocidad de movimiento de la empuñadura o palanca del conmutador y hace que el contacto se separe de golpe.

Un inconveniente de los termostatos es que efectúan la conmutación despacio, debido al lento movimiento del bimetal. Se intenta contrarrestar esto utilizando para los contactos aleaciones metálicas de alta calidad capaces de resistir el arco eléctrico que salta entre los contactos y el calor que produce. A pesar de ello, estos contactos suelen ser foco de enojosas averías.

Algunos conmutadores termostáticos reaccionan también a la presión de los líquidos. Esta se produce en un sensor (véase «Calefacción por convección») que forma parte de un sistema cerrado, el cual contiene un líqui-

Fig. 4

lor deseado y entonces lo conecta de nuevo.

En los termostatos regulables **(1)** (en una placa de cocina regulable, por ejemplo) el recorrido de la parte activa, el bimetal, se ajusta mecánicamente en más o en menos. Los bimetales («dos metales») son unas tiras metálicas, soldadas o remacha-

das, de dos metales cuyos coeficientes de dilatación térmica (alargamiento bajo la acción del calor) son lo más distintos posible entre sí. Por ejemplo el hierro (valor de la tabla 0,000051) y el aluminio (valor de la tabla 0,000024) tienen valores cuya relación es, aproximadamente 2:1. Al calentarse una tira, for-

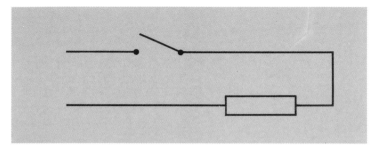

Fig. 5

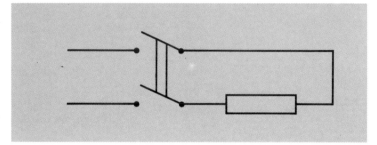

Fig. 6

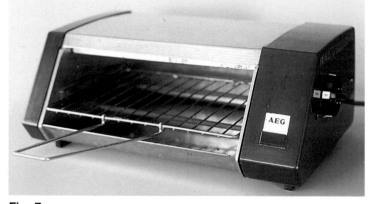

Fig. 7

do que se dilata mucho al calentarse. La ventaja es que el sensor y el conmutador pueden estar muy separados. La unión entre ambos se establece por medio de un tubito capilar que ha de ser, necesariamente, bastante largo, por lo que es frecuente ver estos tubitos enrollados en espiral.

Como ya se dijo al principio, los conmutadores sencillos tienen la función de unir entre sí dos conductores, o separarlos. En el esquema se representa esto como una interrupción unipolar del circuito eléctrico **(5)**. La interrupción bipolar se representa como se ve en la figura **(6)**, donde la barra que une ambos interruptores significa que no se trata de dos dispositivos independientes, sino de un interruptor bipolar cuyos dos elementos, al accionarlo, se mueven a la vez.

Como es frecuente que coincidan varias funciones de conmutación, todas ellas consistentes en abrir o cerrar contactos, se construyen conmutadores múltiples que pueden configurarse para todas esas funciones **(1)**. Estos conmutadores pueden adoptar muchas posiciones; en este caso, por ejemplo, 1-0-2 para conmutar un motor trifásico con arranque directo y dos velocidades.

En los aparatos térmicos, principalmente en las placas de cocina, se utilizan conmutadores bastante complicados. Un conmutador análogo lo encontramos en la parrilla eléctrica **(7)** que tiene un selector giratorio de cinco posiciones.

Por encima de la parrilla hay dos elementos calefactores (resistencias), uno de alta potencia y otro de baja. Por debajo de la parrilla va montado un elemento igual al más potente de la parte superior. Las diferentes conexiones entre estos tres elementos calefactores da cuatro combinaciones posibles (la quinta posición del conmutador es «desconectado»).

Estamos acostumbrados a conectar juntos gran número de aparatos sin detenernos a pensar que se trata de conexiones en paralelo o yuxtapuestas **(8)**. El amperímetro indica la suma de las distintas intensidades: $0,27\ A + 0,45\ A + 13,6\ A \approx 14,32\ A$. Todos los aparatos consumidores han de estar construidos para la misma tensión, las intensidades de corriente pueden diferir entre sí.

Rara vez se utiliza la conexión

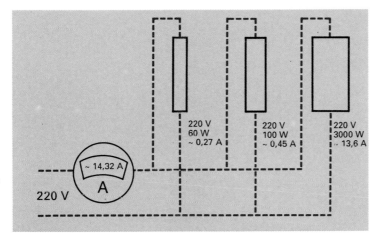

Fig. 8

220 V

~ 14,32 A

A

220 V
60 W
~ 0,27 A

220 V
100 W
~ 0,45 A

220 V
3000 W
~ 13,6 A

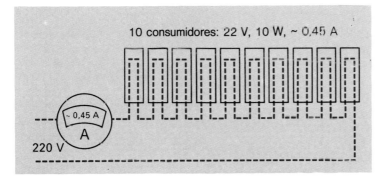

10 consumidores: 22 V, 10 W, ~ 0,45 A

~ 0,45 A

A

220 V

Fig. 9

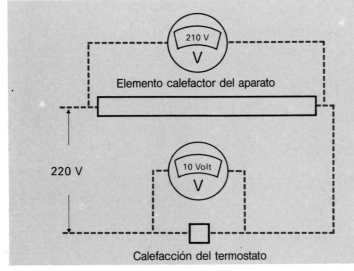

210 V

V

Elemento calefactor del aparato

220 V

10 Volt

V

Calefacción del termostato

Fig. 10

en serie o sucesiva, como ocurre en las cadenas de luces del árbol de Navidad **(9)** (muy discutible en lo que a seguridad se refiere). El amperímetro indica la intensidad de cada consumidor ~ 0,45 A. Todos los consumidores (bombillas de vela) han de absorber la misma intensidad de corriente, pero las tensiones pueden ser distintas, aunque su suma ha de corresponder a la tensión de la red.

Lo mismo ocurre con los elementos calefactores del tostador de pan. Su sistema calefactor tiene una potencia de 800 vatios. Si tiene que calentarse el bimetal, el elemento de éste se conecta en serie con el sistema principal **(10)**. Si por dicho sistema pasan 800 vatios: 220 voltios y unos 3,6 amperios, es evidente que esta misma corriente es la que pasa por el sistema auxiliar. Si efectuásemos la medición en el aparato con éste en funcionamiento (lo que no debe hacerse), el voltímetro de la parte superior podría indicar, por ejemplo, 210 voltios y el inferior tendría que indicar 10 voltios, suponiendo que la tensión de la red sea, efectivamente, de 220 voltios.

Los voltímetros indican las tensiones individuales de los consumidores conectados en serie. El conmutador del tostador antes citado **(7)** tiene la complicada misión de conectar dos elementos calefactores de igual intensidad a un tercero (los tres son aquí para la misma tensión): **(11)** (1) a **(11)** (5). Como puede verse, las distintas intensidades de calefacción de las posiciones 4 y 5 se producen porque dos elementos calefactores

Pos. del conmutador
Símbolo

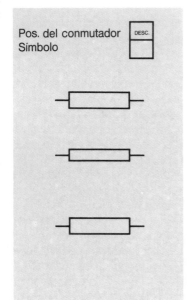

Fig. 11/1

Pos. del conmutador `2`
Símbolo

arriba fuerte
L (línea o «fase»)

N (neutro)

Fig. 11/2

Pos. del conmutador `3`
Símbolo

arriba muy fuerte

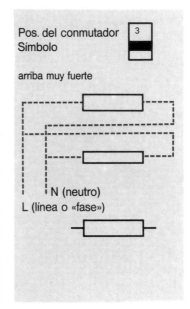

N (neutro)
L (línea o «fase»)

Fig. 11/3

se conectan una vez en paralelo y otra en serie. En la conexión en serie se suman las resistencias óhmicas de ambos, la corriente se reduce a la mitad y la potencia de cada uno también.

Ya se ha dicho que los interruptores bimetálicos sencillos funcionan con relativa lentitud. Podría ocurrir, pues, que un interruptor de este tipo se quedase soldado y ya no abriese el circuito al calentarse. Esto, naturalmente, supondría el fin para un aparato de plástico —por ejemplo una cafetera— y podría tener consecuencias aún peores.

Por esta razón hay elementos de seguridad irreversible a base de semiconductores. Interruptores que, al sobrecalentarse, cortan la corriente con seguridad, pero no se pueden volver a conectar: una vez que se han activado hay que sustituirlos, después de reparar la avería que ha originado su activación. La figura **(12)** represen-

Pos. del conmutador `4`
Símbolo

arriba y abajo fuerte

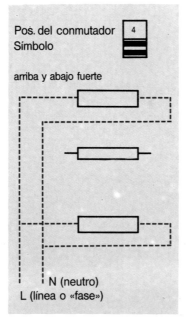

N (neutro)
L (línea o «fase»)

Fig. 11/4

Pos. del conmutador `5`
Símbolo

arriba y abajo débil

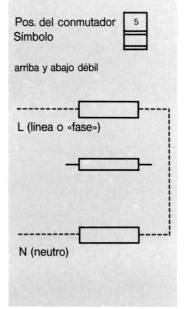

L (línea o «fase»)

N (neutro)

Fig. 11/5

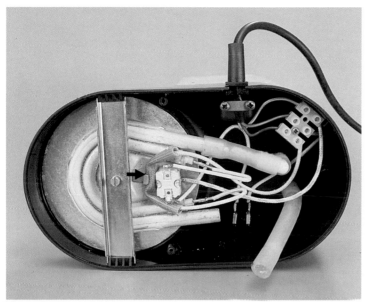

Fig. 12

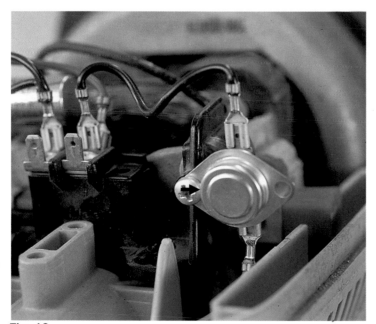

Fig. 13

ta un elemento de este tipo en una cafetera (flecha), envuelto en una vaina de tejido de silicona y fijado con una gruesa brida de chapa para disipar mejor el calor.

Para proteger el motor se utilizan componentes análogos, pero reversibles (una vez que se han enfriado se pueden volver a conectar) montados en el interior del aparato **(13)** (en este caso en una aspiradora).

El funcionamiento de todos los interruptores puede asimilarse al sencillo principio representado en la figura **(5)**. Por eso, es una simple cuestión de método deducir también el funcionamiento do conmutadores más complicados.

Se comprueba dos veces cada conexión del punto de conmutación para ver si pasa corriente: Comprobar **(14)**, conectar, comprobar **(15)**. Resultado: Comprobación **(14)** ~ 0 ohmios, el conmutador está en «conectado», lo que no es fácil distinguir a simple vista. Comprobación **(15)**, ohmiaje (resistencia) infinito, esta posición es «desconectado». Si el conmutador diese las dos veces la lectura de «conectado» (~ 0 ohmios), estaría estropeado, es decir, tendría soldados los contactos. Por el contrario, si en ambas comprobaciones **(15)** se obtuviese la indicación «no hay paso de corriente» habría una interrupción en el interior del aparato; es decir, también estaría averiado.

Por una sola vez tendremos que apartarnos de nuestro principio fundamental de no trabajar bajo tensión cuando tengamos que cambiar un interruptor con lámpara de efluvios integrada. Estos

Fig. 14

Fig. 15

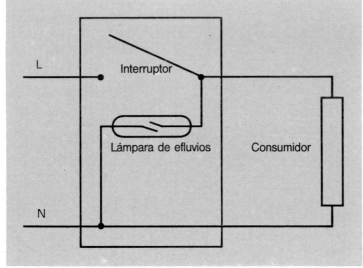

Fig. 16

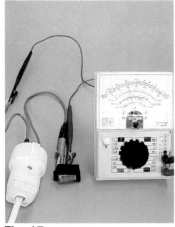

Fig. 17

de banana. ¡Antes de cada cambio de bornes o de cada conmutación, hay que desenchufar de la red el cable prolongado!

Si montásemos o enchufásemos el interruptor sin comprobarlo, podríamos originar un cortocircuito por confusión de conexiones. Hemos hablado ya varias veces de interruptores cuyos contactos se han soldado o quemado. Esto está relacionado con lo que denominamos potencia de conexión. Todo interruptor normal lleva la inscripción «... A». Como hay una gran diferencia, por ejemplo, entre los interruptores de un automóvil (como máximo 12 V) y los de la red eléctrica, también se indica la tensión para la que están suficientemente aislados el interruptor y (¡esto es importante!) las palancas de accionamiento, que pueden ser metálicas.

El pulsador de una lámpara de mesilla de noche «2 A/250 V» no sirve para conectar una cafetera (800 vatios que, divididos por 220 voltios son más de 3,5 amperios). El pulsador no tendría la presión de contacto necesaria para resistir esta carga durante mucho tiempo. Y aún no estamos hablando de interruptores. Naturalmente, por la misma razón, un interruptor de «12 V/10 A» tampoco es apropiado para funcionar conectado a la red eléctrica: está construido exclusivamente para el sistema eléctrico del automóvil y para otros circuitos de baja tensión. Tampoco los interruptores temporizados, los interruptores crepusculares y otros análogos de accionamiento no manual pueden utilizarse fuera del ámbito de la potencia señalada.

interruptores tienen tres conexiones y están conectados interiormente como en la figura **(16)**. Para que la lámpara de efluvios se encienda durante la prueba, no basta la pequeña tensión del comprobador de paso de corriente: necesitamos más de 70 voltios.

Por eso debemos utilizar un multímetro ajustado a 220 voltios de corriente alterna (AC) (o a la escala inmediata superior) y montar el circuito de la figura **(17)** con pinzas de cocodrilo perfectamente aisladas y clavijas

En el diagrama de la Fig. 16: L, N, Interruptor, Lámpara de efluvios, Consumidor

Reparación de aparatos eléctricos

La localización sistemática de averías comienza por
el enchufe y el fusible. Un elevado porcentaje de defectos
de los aparatos tiene que ver con las conexiones.
Cuando hay que localizar una avería en un aparato,
la primera complicación la constituyen los cierres invisibles
de la carcasa. Una serie de ejemplos ayudará a resolver
las dificultades del desmontaje.
Al mismo tiempo, se indica el modo de reparar los defectos
mecánicos del aparato.

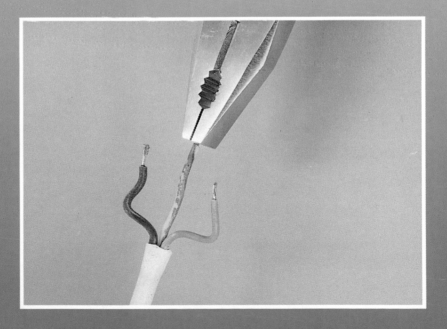

Práctica de las reparaciones

Enchufes, fusibles

La cosa puede empezar así: Enchufamos un aparato, accionamos el interruptor ¡y no pasa nada! Si vamos a proceder sistemáticamente, la primera pregunta será: «¿Está bien la toma de corriente?» El método habitual para salir de dudas es irse dos habitaciones más allá y probar en otro enchufe. ¿Por qué dos habitaciones más allá? porque así tendremos mayor posibilidad de encontrar un enchufe que no dependa del mismo fusible que el enchufe antes utilizado. Peor sería que al enchufar, y aún peor que al conectar el aparato, sonase un chasquido. En este caso, por regla general, también el interruptor habría quedado inservible.

Pero, si el aparato funciona en el segundo enchufe, habremos comprobado que es en el primer enchufe donde estaba el defecto. Según el equipo de medida e indicación de que se disponga (véase capítulo «Herramientas y aparatos de medida»), la cosa puede ser mucho más sencilla. La lámpara de efluvios del comprobador de tensiones debe encenderse al introducir el comprobador en uno de los dos contactos de la base de enchufe. Si se enciende en ambos (muy improbable), o al tocar el contacto de protección, es, indudablemente, cuestión de avisar al electricista. Un aparato de medida **(1)** no sólo indica si hay tensión en el enchufe, sino cuánta hay. Si no hay tensión, tendremos que

Fig. 1

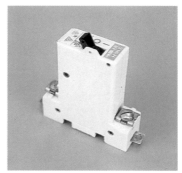

Fig. 2

comprobar el fusible correspondiente.

Las instalaciones más modernas están equipadas con series de interruptores automáticos de seguridad **(2)**. Esto es cómodo, no origina gastos adicionales (cambio de los cartuchos fusibles fundidos), pero, sobre todo, impide manipulaciones: los famosos fusibles amañados.

Si no es posible rearmar (conectar de nuevo) el interruptor automático de seguridad, puede que esté averiado o que haya un cortocircuito en la red que haya originado la desconexión y que aún persiste.

Fig. 3

Fig. 4

En los talleres, sobre todo, encontramos aún fusibles a rosca **(3)**, aunque la mayoría de ellos lleva la caperuza protectora superior transparente **(4)** (3). La pieza del zócalo **(4)** (1) se encuentra detrás de la placa protectora y la pieza **(4)** (2), delante. La rosca de adaptación (en este caso de 10 amperios, roja) se coloca en la base del zócalo, cuyo color corresponde al de la plaquita de identificación del cartucho fusible **(4)** (5). Precisamente esta rosca de adaptación, a cuyo contacto sólo se adaptan los cartuchos adecuados para el mismo, impide que se coloquen cartuchos de mayor capacidad. La caperuza roscada **(4)** (4) sirve, al mismo tiempo, de empuñadura aislante y de protección contra incendios. En caso de cortocircuito, la intensidad puede aumentar tanto que el alambre fusible del cartucho prácticamente hace explosión, expulsa la plaquita de identificación y produce una chispa.

También hay fusibles en el interior de algunos aparatos, especialmente en los que sólo admiten intensidades muy débiles y/o son muy sensibles a las sobretensiones. La figura **(5)** representa un fusible fino, perteneciente a un aparato electrónico de medida. Tan sencillo como los fusibles de un automóvil es el fusible **(6)** de un aparato de soldadura eléctrica bajo gas protector. Su misión es proteger el rectificador para que no reciba cargas superiores a 80 amperios. Su sencillísima estructura solamente es posible gracias a que las tensiones que se le aplican son del orden de 20 a 30 voltios.

Fig. 5

Fig. 6

Fig. 7

Fig. 8

Cables de alimentación

La mayoría de los defectos de los aparatos eléctricos se deben al cable de alimentación. En todos los aparatos hay un punto de inflexión **(7)** que puede desplazarse, pero no evitarse. Aunque la salida del cable está rodeada por una especie de embudo que impide que el cable se doble, o éste se encuentre sostenido en esa zona por un manguito de goma, siempre hay un punto en que la solicitación es máxima: aquél en que el cable abandona la envoltura protectora.

También está el cable muy sometido a esfuerzos en la zona del dispositivo contratracción **(8)**. En este punto se deforma y comprime con violencia, y si la conexión no está guiada ni apoyada, tendremos un punto de rotura programado. Esto no debe inducirnos al error de no utilizar el dispositivo contratracción o de apretar poco los tornillos; no hay más remedio que aceptar sus inconvenientes, ya que impide males mayores.

Las roturas de conductores producen quebraderos de cabeza, cuando no interrumpen totalmente la alimentación eléctrica. Los extremos rotos de los conductores siguen en contacto; unas veces éste es suficiente para que la corriente siga circulando y otras se produce entre ellos un pequeño arco eléctrico que chisporrotea suavemente. El aparato sigue funcionando; un motor vacila, una lámpara parpadea, en los aparatos térmicos la interrupción temporal sólo se percibe si los intervalos de corriente son tan largos que el aparato deja de calentarse debidamente. En algunos casos, el arco eléctrico llega a perforar el aislamiento, incluso en los enchufes de plástico inyectado grueso.

En estos casos, no hay más que dos posibilidades: acortar el cable viejo y volverlo a conectar, o colocar uno nuevo.

Antes de acortar el cable, habría que examinar su estado general. Si por envejecimiento se ha vuelto quebradizo y presenta pequeñas fisuras en algún punto, es preciso desecharlo. Los cables de goma son, en este aspecto, más sensibles que los de plástico. Los cables con forro textil —por ejemplo los de las planchas eléctricas— suelen desgastarse en los lugares en que rozan con el borde de la mesa. También los retorcimientos y los nudos, que se deben a la torsión de los conductores en el interior, impiden seguir utilizando el cable. En esos casos hay que comprobar también si el cable admite un acortamiento de hasta 10 cm o si quedará excesivamente corto. Las dimensiones de los cables no han de ser demasiado justas. Si se quiere acortar lo menos posible un cable defectuoso, habrá que comprobar que no existe otra rotura invisible. Como no hay puntos en que se aprecie fusión, no queda otro recurso que la «prueba de los alicates» (9): es decir, tirar fuertemente de todos los cables, uno a uno, con unos alicates universales.

Un cable prolongador de gran longitud, muchas veces mal tratado, que ha recibido fuertes golpes y tirones durante los trabajos de construcción y montaje,

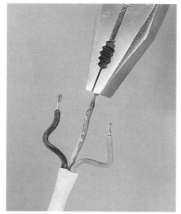

Fig. 9

Fig. 10

puede estar roto muy lejos del extremo; en este caso hay que efectuar una comprobación de paso de corriente (véase el capítulo «Clases de protección»). También puede realizarse un control superficial mediante pruebas acústicas o con una lámpara de incandescencia.

Las Normas son muy estrictas, precisamente porque el conductor de protección, para cumplir sus funciones, ha de tener una resistencia muy pequeña. El valor de la resistencia se ha fijado en 0,3 Ω para cables de hasta 5 m de longitud. Para cables más largos es válida la resistencia propia +0,15Ω. Un cable de cobre de 1 mm² de sección y 1 m de longitud tiene una resistencia de 0,0179 Ω. Los valores de resistencia de los distintos metales (resistencia específica) se han de tomar de tablas especiales. Unos valores de resistencia tan pequeños sólo pueden medirse con instrumentos de alta calidad. El resultado de la medición quedará falseado con sólo mantener aplicadas las puntas de medida. Si el cable que se ha de comprobar tiene una clavija

de red de plástico inyectado y en el otro extremo una clavija hembra similar, o está conectado a un enchufe de un enrollador de cable, lo mejor es improvisar un adaptador constituido por una base de enchufe desmontada y una patilla de una clavija macho **(10)**. De este modo podrán embornarse las puntas de medida y se tendrán las manos libres para curvar el cable a uno y otro lado en toda su longitud.

Si el cable tiene un doblez en algún punto, con un conductor a medio romper, es posible que el conductor se rompa del todo. Para resolverlo, puede cortarse el cable en ese punto y empalmar ambos trozos con una clavija y un enchufe, disponiendo así nuevamente de un cable prolongador completo.

Una vez montado el dispositivo de medida es interesante ver lo que indica el instrumento (que deberá ser lo más preciso posible) cuando las puntas de medida se unen entre sí directamente, sin interponer ningún objeto. Para evitar resistencias de transición, lo mejor es embridar juntas las puntas de medida **(11)** o en-

Fig. 11

Fig. 12

Fig. 13

Fig. 14

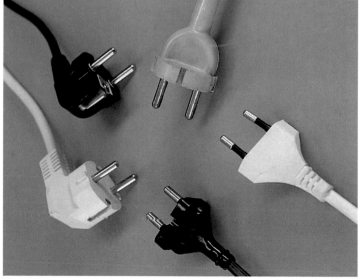

Fig. 15

chufarlas al adaptador **(12)**. Veremos entonces que el aparato marca ya 0,3 ohmios. Esta es la resistencia del aparato y de las pilas, pues también éstas tienen una determinada resistencia interna, ya que, de lo contrario, podría tomarse de ellas una intensidad infinita. El cable del tambor tiene tres conductores de 1,5 mm² de sección y 40 m de longitud.

Valores de la tabla: 0,0179 : 1,5 = 0,012. Es decir, 0,012 Ω · 40 m = 0,48 Ω + 0,1 Ω = 0,58 Ω. El cable de 40 m de longitud y 1,5 mm² de sección puede tener, por lo tanto, una resistencia de 0,58 Ω. La medición **(13)** nos da una lectura de 0,8 a 0,9 Ω; si restamos los 0,3 Ω de resistencia de los instrumentos **(11)**, **(12)**, quedan de 0,5 a 0,6 Ω, lo que significa que el cable ha superado la prueba y, por lo tanto, está bien. Repetir el procedimiento cambiando de posición el adaptador para comprobar el segundo conductor. Para el conductor de protección, habrá que cambiar de sitio la punta de medida en el acoplamiento. Mantenerla en el contacto del conductor de protección de la base del enchufe o utilizar unas pinzas de cocodrilo que se adapten a la punta de medida **(14)**. Si hay que cambiar el cable por uno nuevo, se deberá elegir éste convenientemente. Todos los cables de alimentación de los aparatos portátiles han de tener conductores de varias almas. Los alambres rígidos están prohibidos por buenas razones. Donde sea conveniente utilizarlos —por ejemplo en una pared larga— hay que tender una línea adecuada.

La norma MI-BT 001, distingue los siguientes tipos de alimentación:

— Canalizaciones fijas, que son las instaladas con carácter fijo y no pueden ser desplazadas,

— Canalizaciones amovibles, que pueden quitarse con facilidad,

— Canalizaciones movibles, que son las que pueden desplazarse durante su utilización.

Para la alimentación de aparatos portátiles deben utilizarse conductores flexibles formados por una o varias «filásticas» (almas). En el comercio se encuentran a la venta diversos tipos de cables con enchufes de plástico inyectado, de bellas formas y larga duración **(15)** (página 53). Si su longitud, generalmente pequeña (raras veces más de 2 m), resulta suficiente y se cumplen las demás condiciones, lo mejor es utilizar este tipo de cables. Precaución importante: ¡Jamás convierta en cable prolongador un cable de sólo dos conductores (eventualmente con Euroenchufe)! Tenga presente que el cable prolongador se utiliza en combinación con aparatos de la Clase de protección I.

En la figura **(16)** puede apreciarse el mal aspecto resultante si el conductor de protección tiene que cumplir alguna vez sus funciones. La figura **(17)** nos muestra los «Cables para alimentación de aparatos consumidores móviles» (literalmente en VDE; la denominación en la Norma MI-BT 031 es «Conexión de conductores movibles a los aparatos de uso doméstico o análogos») más usados (véase tabla página 102). Las clavijas de enchufe **(18)** y

Fig. 16

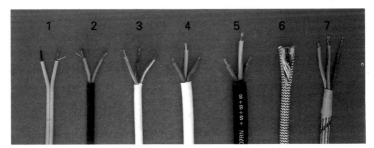

Fig. 17

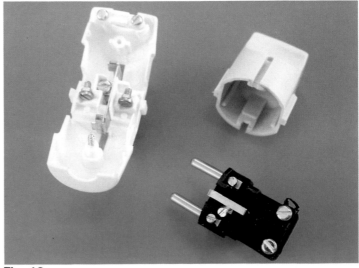

Fig. 18

Fig. 19

conectores o enchufes **(19)** pueden elegirse del color y diseño que se prefiera, siempre que lleven el símbolo de homologación. Para un servicio más duro se utilizan modelos menos estilizados, cuyo interior dispone de más espacio. Es frecuente que se quiera utilizar una herramienta eléctrica de mayor potencia con un cable de 1 mm², que es más fuerte que el de 0,75 mm² y que se calienta menos en un funcionamiento prolongado. Para ello, sin embargo, la entrada del cable, el dispositivo contratracción y el espacio entre ellos y los bornes han de ser lo bastante grandes. Sucede lo mismo con los enchufes hembra de los cables prolongadores.

Es frecuente que el cable se desgaste e incluso se rompa, no sólo en el aparato, sino también en la vaina de goma de entrada al mismo. Como hay vainas de distintas formas y tamaños, conviene disponer de un pequeño surtido de reserva de este accesorio, que es barato. Tampoco se halla siempre en buen estado el importante dispositivo contratracción. En algunos se ha colocado uno mediocre; en este caso, si hay un sitio suficiente, debemos cambiarlo por otro mejor **(20)**. Se puede hacer un sencillo estribo como dispositivo contratracción con un enchufe estropeado, antes de tirarlo.

Tanto si se trata de un cable nuevo como de uno viejo y acortado, antes de conectarlo hay que aislarlo bien. Si no lleva envoltura exterior y se trata de un sencillo cable bifilar, será suficiente un corte de cuchilla —desde luego, bien aplicado— para separar los dos conductores.

Fig. 20

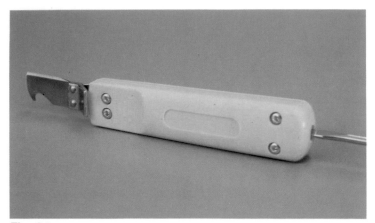

Fig. 21

La cuchilla pelacables **(21)** no hace las cosas a la perfección de modo automático, pero las facilita extraordinariamente. La envoltura no sólo no es igual en todos los cables, sino que tampoco tiene el mismo espesor en toda su longitud.

La cuchilla pelacables tiene un tope que limita la profundidad de corte y puede ajustarse con un destornillador [**(21)** derecha]. Es preciso realizar algunos cortes de prueba para encontrar el ajuste correcto. La cuchilla sólo debe cortar aproximadamente la parte delgada de la envoltura; lo grueso hay que arrancarlo (eventualmente con unos alicates combinados). La cuchilla pelacables tiene un estribo a resorte que aprieta el cable contra la cuchilla. Abra el estribo desplazándolo con el pulgar **(22)** y pase el cable transversalmente hasta la longitud en que se desee pelarlo **(23)**. Gire ahora la cuchilla y el cable varias veces y retire la cuchilla del cable sin excesiva rapidez.

La cuchilla pelacables representada en las figuras tiene una hoja giratoria excéntrica. Al pasar de corte en redondo a corte longitudinal se ajusta automáticamente. En otros tipos, hay que hacer girar la cuchilla con una empuñadura especial.

Ahora habrá que entreabrir la envoltura del cable en el punto de corte **(24)** (no es necesario hacerlo tan claramente como en la foto). El resto se arranca tal como se ha dicho. Todo irá bien si la cuchilla pelacables ha cortado la envoltura en todo su perímetro. Si queda algún saliente en el corte, puede cortarse con la pequeña cuchilla lateral sin pe-

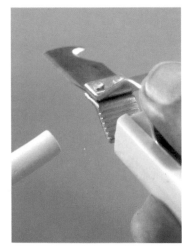

Fig. 22

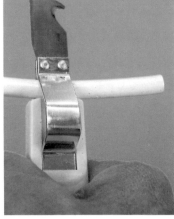

Fig. 23

Fig. 24

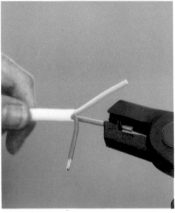

Fig. 25

ligro para el aislamiento de los conductores.

Los extremos de los conductores pueden pelarse con una navaja de bolsillo, teniendo cuidado de no cortar ni separar ninguno de los finos alambres (almas) del conductor. Por eso no es un lujo disponer de unos alicates pelacables, sencillos o automáticos **(25)**, ya que son la garantía de un trabajo perfecto. Los extremos desnudos de los conductores no pueden embornarse o desembornarse sin más. La mayoría de los bornes están construidos como en **(26)** (a la izquierda, los conductores marrón y azul). La foto muestra cómo son. La reducción de la sección es considerable y, por experiencia, se sabe que las almas del conductor van cediendo con el tiempo y redistribuyéndose de otra manera. Resultado: una conexión suelta **(27)**.

Tampoco los bornes como en **(26)**, previstos para el conductor de protección, o los conocidos como «clemas de porcelana» **(28)**, admiten los extremos de los conductores sin armar. De nada sirve que el borne sujete todas las almas; si el espacio en el interior de la carcasa del aparato es insuficiente, pueden desprenderse algunas almas y quedar sueltas. Es posible, además, que el tornillo del borne las aplaste, precisamente cuando se piensa que está bien apretado. Hemos desmontado inmediatamente nuestra pieza de demostración y la hemos fotografiado como prueba de lo dicho **(29)**. Durante mucho tiempo, los extremos de los conductores se han venido estañando con un soldador para reunir en forma

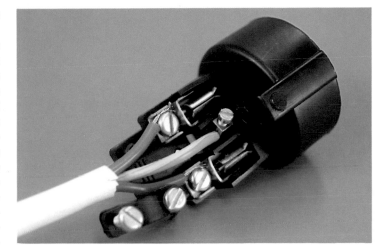

Fig. 26

Fig. 27

Fig. 28

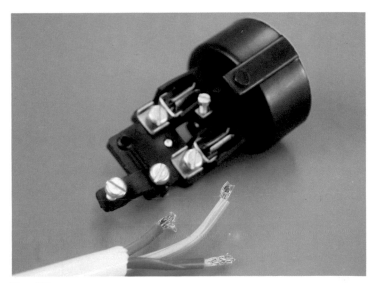

Fig. 29

compacta todas las almas. Una parte del cable terminado de la figura **(25)** se ha preparado así, en su extremo libre, para la conexión. Pues bien, lo único que podemos hacer con él es ¡arrancarlo con unos alicates! No todos los accesorios eléctricos de importación están a la altura de los nuevos conocimientos.

Lo mejor que se ha inventado hasta ahora y la única preparación permitida para las conexiones, es la aplicación de manguitos terminales a los extremos de los conductores, pero hay que apretarlos con los alicates prescritos al efecto **(30)** porque, de lo contrario, tampoco sirven de nada (pueden causar daños si se sueltan). Hay manguitos de distintos diámetros para las diferentes secciones de cable. Lo mejor es adquirir un surtido que incluya toda la escala de pequeños diámetros. No hay que confundir los manguitos terminales con las conexiones de pinza. Éstas llevan un vástago aislante cuyo color indica la sección. En los alicates hay que elegir el color que corresponde a la sección **(31)**. Los terminales de embornado, los terminales de cable, los conectores y las conexiones se han ideado, fundamentalmente, para la electricidad del automóvil. Para colocarlos en una clavija de enchufe son demasiado grandes. Desde luego puede utilizarse, ocasionalmente, una terminal de cable para la conexión de un conductor de protección si en el aparato no se ha previsto para ella más que un simple tornillo. En algunos casos puede utilizarse también, en este sistema, una clavija de enchufe para cables (por ejemplo, en una cafetera).

Fig. 30   **Fig. 31**

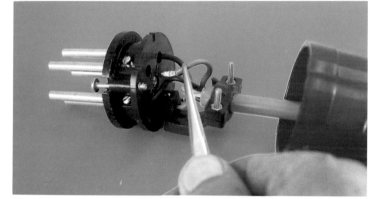

Fig. 32

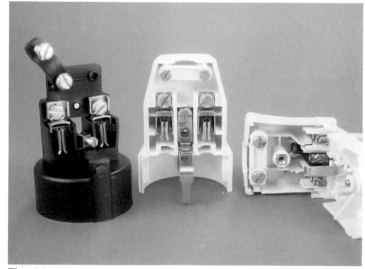

Fig. 33

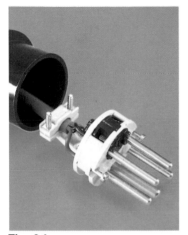

Fig. 34

Fig. 35

Fig. 36

La principal diferencia entre las conexiones de manguito y de pinza es que los manguitos llevan una estría longitudinal de apriete, mientras que las pinzas la llevan transversal.

Hay que determinar cuidadosamente la longitud en que se ha de pelar el cable, tanto de la envoltura exterior como del aislamiento de los diferentes conductores. En estos últimos es fácil: el extremo desnudo del conductor ha de ser tan largo como el manguito correspondiente. De la envoltura del cable sólo eliminará la longitud indispensable a fin de que quede siempre sujeta por el dispositivo contratracción. ¡La tracción no debe actuar sobre ninguno de los conductores! Los dos conductores (en corriente trifásica, tres y el neutro) deben llegar flojos al terminal desde el dispositivo contratracción de manera que, en caso de tirón fuerte, no puedan tensarse los conductores y actuar sobre la conexión del terminal. Ahora bien, los conductores tampoco deben ser demasiado largos ya que entonces no cabrían en el enchufe si éste es estrecho. Es importantísimo que el conductor de protección sea más largo que los otros conductores. En caso de tirón violento, el conductor de protección no deberá tensarse hasta que los dos conductores activos (o los cuatro si la corriente es trifásica) hayan sido arrancados de sus terminales.

Esto ocurre en los enchufes CE **(32)**, en que el terminal para el conductor de protección está siempre más cerca del dispositivo contratracción, de manera que, a diferencia de los cinco extremos de igual longitud, el conductor verde-amarillo forma un pequeño bucle.

En la mayoría de los enchufes de **(33)**, ocurre lo contrario. En ellos, los demás conductores tienen que acortarse lo suficiente para que el conductor de protección llegue más flojo al borne correspondiente, situado deliberadamente a mayor distancia. En la clavija situada junto a ellos **(33)**, los tres terminales se encuentran a la misma altura. También en este caso el conductor verde-amarillo debe ser 1 cm más largo que los conductores marrón y azul.

En el inversor de polos CE **(34)**, se necesita más espacio aún. En la figura **(35)**, los extremos han de ser lo bastante largos para que no se tensen por torsión cuando gira el dispositivo. Hay que tener especial cuidado si los cables se han de conectar a aparatos térmicos, ya que, en este caso, la conexión sufre los efectos del calor transmitido directamente por el aparato a los cables. Esto se tenía en cuenta en los enchufes para aparatos de calefacción **(36)**, muy prácticos, pero que hoy ya casi no se utilizan, especialmente en su versión antigua [**(36)**, en primer término]. Los enchufes representados en las figuras son de cerámica, los nuevos totalmente, y los antiguos sólo en parte. En los nuevos sistemas, los enchufes son de plástico y se denominan «enchufes fríos». En todo caso, es necesario ir con mucho cuidado al adquirir repuestos.

Para la conexión de aparatos que trabajen muy solicitados o a temperaturas muy altas, se dispone de los cables de silicona, de color pardo rojizo. Aunque no todos los comercios los tienen a la venta, merece la pena esforzarse en conseguirlos si concurren las circunstancias indicadas.

Un tipo de cable concebido para un uso específico es el cable para planchas eléctricas. En la plancha no se puede utilizar cable de plástico porque, en contacto con la plancha caliente, podría fundirse hasta llegar al conductor, ni cable de goma, ya que tampoco resiste el calor y, además, podría manchar la ropa. Por esta razón se utilizan, desde siempre, cables con envoltura textil y forro de algodón. La novedad consiste en que el aislamiento de los distintos conductores es de silicona en vez de goma. En las reparaciones, hay que comprobar si el tejido está desgastado en algún sitio. Si es así, hay que cambiarlo, excluyendo el parcheo con cinta adhesiva. Durante la reparación de una plancha eléctrica, se examinó el interior de la clavija de conexión a la red **(37)**. Aparte de que el aparato y el enchufe tenían una edad respetable —se aprecia en

Fig. 37

Fig. 38

Fig. 39

que el conductor de protección es rojo (norma antigua)—, el estado de la conexión revela cuán altas son las solicitaciones a que está sometida en un aparato térmico. El aislamiento de uno de los conductores está quemado, cosa que no puede deberse al calor de contacto de la plancha, ya que está conectado en el otro extremo. Sólo la elevada potencia de la plancha (1.000 vatios) en combinación con un ligero defecto de contacto (acaso también entre la patilla del enchufe y el contacto hembra) ha podido ocasionar la destrucción que se observa en la figura.

Las figuras siguientes representan las operaciones necesarias

Fig. 40

Fig. 41

para la conexión del nuevo cable, con excepción de las ya citadas.

Ante todo, hay que hacer pasar el cable por el manguito de goma. Esto resultaría difícil, e incluso imposible, si no se sujetase el extremo de la envoltura textil para que no se afloje o deshilache **(38)**. Para eliminar la envoltura textil y el acolchado del extremo, es mejor utilizar unas tijeras de punta que una cuchilla e incluso que la cuchilla pelacables. El extremo se fija con cinta aisladora **(39)**.

Ya se ha indicado la forma de pelar los extremos de los cables y de fijarlos con manguitos terminales. Para introducir los conductores en el estrecho espacio disponible en los bornes se pueden utilizar unos alicates de punta **(39)**. Una vez atornilladas las tres conexiones **(40)**, se fija la brida de contratracción **(41)**.

¿Cómo se sabe a cuál de los tres bornes corresponde el conductor de protección? Este borne está remachado al cuerpo de chapa y —esto es importante— junto a él va estampado el símbolo de «tierra» (⏚) **(42)**.

En ningún caso debemos intentar reparar un aparato térmico como, por ejemplo, una almohadilla o manta eléctricas. Los conmutadores graduados que antes se utilizaban en estos delicados aparatos están cerrados con tornillos especiales que no pueden girarse a izquierdas. En los modernos reguladores electrónicos **(43)**, simplemente no se puede hacer nada. Como máximo, podemos colocar un nuevo enchufe en el cable que, por lo demás, está intacto.

Fig. 42

Fig. 43

Lámparas

Lámparas de incandescencia

En el capítulo «Empleo técnico...» se ha hablado ya del intenso calor que generan las lámparas de incandescencia. La mayoría de las averías de las mismas se debe a este calor. Nuestras lámparas de incandescencia tienen un zócalo roscado que se aplica a un casquillo portalámparas fijado a la instalación o unido a ella con cable y enchufe.

Hay principalmente dos tipos de rosca: el normal E (Edison) 27 y el «mignon» E 14. El tercero, mucho mayor, no está destinado a usos domésticos.

En los portalámparas, hace ya mucho tiempo que la parte roscada no va unida a un conductor, porque es muy peligroso. La corriente se transmite a través de dos muelles de contacto situados en el fondo del portalámparas y unidos a los respectivos bornes de conexión.

El contacto del extremo inferior del zócalo toca el contacto central elástico del portalámparas **(1)** (derecha), el zócalo roscado **(2)** toca las dos aletas del contacto lateral. Al montar las tres piezas del portalámparas **(1)** hay que tener siempre en cuenta el orden en que se han de montar: En primer lugar, la parte aislante se encaja en la parte superior del portalámparas y luego se coloca la parte roscada. La parte aislante (en los portalámparas de plástico también es de este material, rara vez de cerámica) no debe poder girar con respecto a la parte superior, ya que se retorcerían

Fig. 1

Fig. 2

Fig. 3

los conductores de conexión. Por esta razón, la parte aislante lleva dos ranuras diametralmente opuestas, mientras que la pieza superior del portalámparas lle-

va dos salientes hacia el interior que se corresponden con ellas. Los portalámparas de plástico llevan seguros antigiro.

Los portalámparas antiguos podían desenroscarse y equiparse con nuevas conexiones. Sin embargo, como los muelles de contacto pierden elasticidad con el calor (si no se funden los muelles y los bornes a causa de un cortocircuito), los modernos portalámparas llevan un seguro de trinquete que impide que se desenrosque el portalámparas. Por lo tanto, en caso de reparación, hay que montar un portalámparas nuevo.

Si los hilos de conexión existentes no son lo bastante largos, habrá que introducir hilos nuevos. Esto puede convertirse en un juego de paciencia, especialmente en las lámparas de techo de varios brazos y en las lámparas de trabajo o de sobremesa articuladas. En ambos casos, los cables pasan por estrechos tubos, frecuentemente con salidas laterales. Pueden servir de ayuda unos ganchos improvisados con clips de oficina.

En las lámparas de varias luces, éstas suelen reunirse en grupos —generalmente dos— para poder elegir, mediante un conmutador, entre «alumbrado total» y «alumbrado económico». Si se quiere aprovechar esta modestísima posibilidad de ahorro de energía, no suele quedar más opción, por razones de espacio, que utilizar la antigua técnica de conexión, no muy satisfactoria, de los puntos de soldadura de estaño envueltos con cinta aisladora.

Para las conexiones, deberá observarse la regla siguiente: marrón con marrón, azul con

Fig. 4:

Accesorios para los casquillos de lámpara

1 Suspensión para el péndulo tubular, con borne para el conductor de protección
2 Manguito de plástico con tornillo contratracción
3 Boquilla de plástico con tornillo contratracción
4 Anillo de ajuste de plástico para asegurar la cazoleta al techo
5 (Dos piezas) boquilla de plástico contratracción con tuerca de racor
6 Boquilla de latón con anillo para colgar la cadena
7/8 Suspensiones de cables
9 Boquillas de latón corta y larga
10 Boquilla de latón con reborde
11 Tuerca hexagonal M 10 × 1 para la boquilla
12 Manguito de latón M 10 × 1 para unión de manguitos

de-amarillo **(1)** (flecha). Las lámparas así equipadas corresponden a la Clase de protección I y tienen que llevar cables de tres conductores.

Las lámparas con portalámparas de plástico pueden pertenecer a la Clase de protección II y llevar cables de dos conductores y enchufes sin contacto de protección.

Hay lámparas, sin embargo, cuyas partes metálicas se conectan a un conductor de protección, mientras que sus portalámparas de plástico se dejan sin conectar ya que en ellos no hay nada que poner a tierra.

Los portalámparas de plástico son apropiados para lámparas de hasta unos 60 vatios. Las de potencia superior a ésta se calientan tanto que el plástico empieza a emitir un olor desagradable. Además, a ser posible, la bombilla de incandescencia debe sobresalir del portalámparas lo suficiente para que éste no se caliente en exceso.

Para las lámparas de 100 vatios deben utilizarse portalámparas de metal, conectados con tres conductores. Las pantallas, que acumulan el calor, deben llevar orificios de ventilación, como los de esta lámpara de sobremesa **(3)**.

Como boquillas —que se adaptan a la rosca superior M-10 × 1 del portalámparas— pueden utilizarse sencillos tubitos roscados con tuerca; los hay con reborde o con anillo para enganchar una cadena de suspensión. Si el portalámparas se deja colgando del cable, habrá que utilizar una boquilla o un manguito provistos de sistema contratracción **(4)** (2, 3, 5). Si es una cadena la que recibe el peso **(4)** (1, 6), el cable

azul y —si existe— verde-amarillo con verde-amarillo.

Para el funcionamiento por grupos de luces controladas por conmutador, la regla es: todos los conductores marrones del grupo 1 juntos; separados de ellos, todos los conductores marrones del grupo 2 juntos; todos los conductores azules y los conductores verde-amarillos —sin excepción— juntos.

Los portalámparas de latón y de otros metales tienen, en principio, un borne de conexión para un conductor de protección ver-

Fig. 5

deberá quedar flojo, sin estar sometido a tracción.

En la parte lateral de la rosca M 10 del portalámparas, hay un tornillito que penetra oblicuamente en la rosca **(1)**. Hay que apretarlo, ya que sirve para impedir que la boquilla gire.

Para evitar que el calor destruya la conexión, hay que proteger cada conductor con un manguito de silicona **(5)** en la parte superior del portalámparas, antes de la conexión.

Estas indicaciones se refieren al montaje de lámparas realizado por uno mismo. Las lámparas baratas que, normalmente, carecen del símbolo de homologación, no satisfacen estas condiciones. Por lo tanto, si llega una lámpara de este tipo a la mesa de trabajo para su reparación, habrá que mejorar su aislamiento montando en ella los accesorios apropiados **(4)**.

Las lámparas de sobremesa y de pie suelen llevar los interruptores incorporados en el cordón de alimentación. Un interruptor de tracción **(6)** (8) integrado en el portalámparas es el que da menos preocupaciones. La mayoría de los interruptores de pulsador contienen, como parte activa, el interruptor de presión **(7)** (izquierda), al que se denomina «botón». Algunos interruptores

Fig. 6:

Casquillos portalámparas
1 Portalámparas de latón E 27
2 Anillo para pantalla correspondiente a 1
3 Suplemento de cerámica correspondiente a 1
4 Portalámparas de plástico E 27
5 Anillo para pantalla correspondiente a 4
6 Suplemento de plástico correspondiente a 4
7 Portalámparas de plástico E 27
8 Portalámparas de latón E 27 con interruptor de tracción incorporado
9 Portalámparas de plástico E 14

de cordón van pegados, por lo que no se pueden abrir **(8)** (izquierda). Si uno de estos interruptores se estropea, hay que cortar sus conexiones y conectar uno nuevo de tipo no pegado, por ejemplo, el **(8)** (derecha). Tampoco pueden abrirse los interruptores **(9)**, **(10)**, ya que los tornillos no pueden quitarse.

Un interruptor de lámpara tiene que interrumpir el conductor marrón de un cable de dos o tres conductores, mientras que el azul y el verde-amarillo han de seguir conduciendo con seguridad. Esto está perfectamente resuelto en el interruptor **(7)** (derecha) y **(8)**, en los que se ha previsto un borne de conexión para cada uno de los conductores azul y verde-amarillo. En la parte trasera de la caja del interruptor figura impreso un claro esquema de las conexiones **(11)**.

Si hay sitio suficiente, por ejemplo en el pie hueco de una lám-

Fig. 7

Fig. 8

Fig. 9

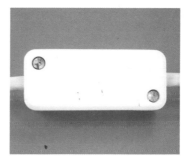

Fig. 10

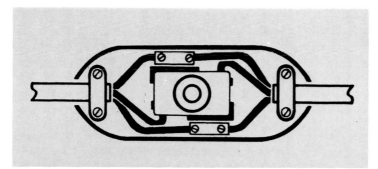

Fig. 11

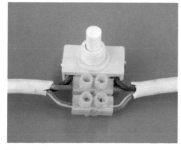

Fig. 12

Fig. 13

para de mesa, se puede prever, para la conexión del interruptor, una «clema de porcelana» de dos polos **(12)**. Aunque dos conectores de bornes **(13)** necesitan menos espacio. Si no es posible ninguno de estos métodos, la única solución es la soldadura con estaño y el aislamiento con cinta aisladora.

Lámparas fluorescentes

El funcionamiento de la lámpara fluorescente **(1)** (en la página siguiente) y sus ventajas ya se han explicado en el capítulo «Empleo técnico de la electricidad». Para el aficionado es realmente asombroso lo poco estables y sólidos que son los portalámparas para estas lámparas. Apenas si hay una aparato en que el portalámparas esté sujeto por dos tornillos, de modo que una pieza rota pueda cambiarse por otra nueva sin problemas. Sólo los portalámparas originales se adaptan a los múltiples cierres de pestillo de plástico. La mayoría de las conexiones lleva bornes de conexión enchufable en lugar de tornillos, ya que garantizan un buen contacto en la primera conexión, pero son difíciles de reparar.

Los defectos, aparte del desgaste de los tubos y cebadores, suelen consistir en dificultades de contacto.

Si un tubo no se enciende al accionar el interruptor, gire un poco el tubo en el portalámparas, a uno y otro lado, para corregir el defecto de contacto entre las patillas de conexión del tubo y los muelles de contacto del portalámparas.

Fig. 1

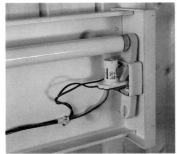

Fig. 2

Fig. 3

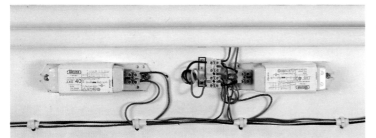

Fig. 4

Si el tubo sólo emite efluvios, es que el cebador está mal y hay que cambiarlo por otro nuevo. Los cebadores tienen zócalos de «bayoneta» y su manejo es semejante al de las lámparas de automóvil: se gira a izquierdas y se saca, o se introduce y se gira a derechas para fijarlo **(2)**. Si el tubo parpadea, es que está averiado, ya no se calienta y por eso no se puede encender. En este caso hay que sacarlo y medir las resistencias de calefacción **(3)**. Una espiral calefactora quemada

no tiene, naturalmente, ninguna resistencia. Los tubos fluorescentes gastados no deben romperse, sino devolverse al adquirir uno nuevo.

Rara vez hay defectos en la reactancia **(4)** (izquierda y derecha). Para comprobar si los hay, desconecte el fusible y desemborne la conexión de la lámpara, por este orden [normalmente existe una clema de porcelana **(1)** y **(4)**].

La mayoría de las reactancias llevan también clemas de porcela-

na. Tocando los tornillitos con las puntas de prueba del ohmímetro, se puede medir la resistencia de la reactancia y averiguar si hay o no rotura. Por lo general, no es posible medir los cortocircuitos entre espiras, a menos que sean importantes, y conviene disponer de un objeto comparativo, por ejemplo una reactancia intacta, como en este caso. Las resistencias teóricas de las reactancias varían, según su tamaño, entre 5 y 50 ohmios. Al cambiar una reactancia hay que comprobar que queda bien sujeta. Debido a la magnetización de su núcleo de hierro por la corriente alterna, puede emitir un zumbido de 50 hertzios, es decir, un ruido desagradable. La reactancia tiene, entre otras funciones, la de generar un impulso de corriente a una tensión del orden de 600 voltios. Por esta razón cortaremos la corriente con doble seguridad y no haremos nada en la lámpara fluorescente sin estas medidas de seguridad, salvo girar el tubo hacia uno y otro lado si sospechamos que están mal los contactos. Las nuevas lámparas fluorescentes tienen sólo 26 mm de diámetro; las antiguas tenían 38 mm. A igualdad de longitud y de potencia, ambos tipos de tubos funcionan con los mismos portalámparas y cebadores. En las lámparas de ahorro de energía, cuyo cebador se coloca en un portalámparas para bombillas de incandescencia o que forma una unidad con él, no se puede reparar nada. Los aparatos cebadores trabajan electrónicamente (los más caros) o contienen criptón radiactivo (los más baratos).

Fig. 1

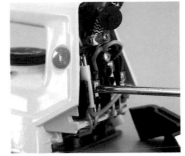

Fig. 2

Fig. 3

Fig. 4

Fig. 5

Fig. 6

Fig. 7

Fig. 8

Fig. 9

Aparatos térmicos

Planchas de vapor

La plancha de vapor **(1)** tiene un dispositivo para humedecer continuamente la ropa que se plancha. La dosificación se efectúa moviendo con el pulgar la palanquita correspondiente, la cual lleva un pulsador para soltar un chorro de vapor cuando se desee.

Aflojando el único tornillo visible **(1)** se retira la tapa y queda a la vista un cuadro de bornes **(2)** con lo que se puede trabajar en las conexiones de los cables. El citado cuadro también puede desatornillarse **(3)** y sacarse **(4)**. El tornillo que ahora vemos mantiene unida la parte inferior de la plancha a la solera **(4)**. Al levantar la parte superior caen dos casquillos separadores **(5)**, pero aún no podemos retirar la parte

superior. Después de mucho buscar, encontramos una tapa fijada con «clips» **(6)** que puede levantarse con ayuda de un cuchillo, con lo que resulta accesible el tornillo de unión **(7)**. Aunque se salgan algunas piezas de fijación **(8)**, el aparato no se puede seguir desmontando. Sólo podremos seguir adelante si sacamos el tubito que va unido a la palanquita de dosificación **(9)**. Ahora tenemos a la vista todas

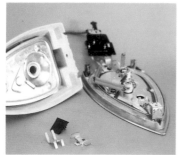

Fig. 10

Fig. 11

Fig. 12

Fig. 13

Fig. 14

Fig. 15

las piezas, y podemos cambiar las juntas, eliminar las incrustaciones calcáreas del depósito de agua, o sustituirlo **(11)**.

El elemento calefactor, en forma de tubo, está colocado a presión en las ranuras de la solera y sólo puede sustituirse completo, con la solera incluida **(12)**.

Hay que señalar que todas las conexiones internas están hechas con alambre o fleje de acero y en sus lugares de unión llevan puntos de soldadura **(13)**. Es problemático sustituir alguna pieza interior, ya que las nuevas soldaduras habría que hacerlas con estaño, y no se puede saber si estos puntos de soldadura blanda quedarían o no cerca de la calefacción.

En caso de duda, lo más sensato es buscar otra solución que no implique riesgos.

Tostadores de pan

El tostador de pan **(14)**, a pesar de su diseño atractivo, no nos ha dado aún ninguna satisfacción: quema las tostadas. Para resolverlo tendremos que ajustar (reducir) el tiempo de calentamiento del control termostático.

En la parte inferior **(15)** hay cuatro tornillos que sujetan la base. El gran orificio redondo permite pasar por él el enchufe y sacar la parte inferior completa.

Aparece ahora el chasis de chapa **(16)**. Está sujeto con unos ganchos de plástico [dos de ellos **(16)**, flecha izquierda], que se pueden desenganchar fácilmente. Un tornillito con tuerca **(16)** (flecha central) une una lengüeta del chasis (estableciendo contacto eléctrico) al cuerpo principal de chapa que actúa

como conductor de protección. La empuñadura lateral de plástico para bajar la rebanada de pan puede sacarse fácilmente, con lo que se pueden separar el cuerpo principal y el chasis. Ahora encajaremos de nuevo la empuñadura para poder trabajar con el aparato abierto **(17), (18)**.

La figura **(18)** (flecha) presenta el gancho móvil con muelle que queda engarzado en un tope cuando se baja la empuñadura. Este tope puede regularse por medio de la ruedecita roja de accionamiento manual **(19)**. Al mismo tiempo, al bajar la palanca, se conectan la calefacción principal y el termostato [por medio del interruptor **(18)** visible en primer término]. La tira bimetálica se curva ahora hacia delante y aprieta el gancho, con lo que éste se desengarza. Por la acción

Fig. 16

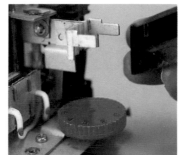

Fig. 17

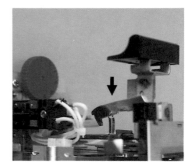

Fig. 18

Fig. 19

Fig. 20

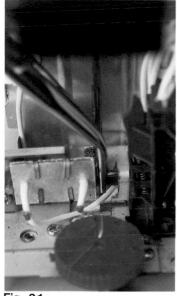

Fig. 21

de un muelle, la cesta del pan y el gancho se desplazan hacia arriba, pero sólo un poco, hasta que el gancho es recogido por la tira bimetálica que se encuentra a mayor altura. Al mismo tiempo, en el interruptor se pone en cortocircuito el arrollamiento calefactor del termostato bimetálico, y empieza a enfriarse. El bimetal retrocede y deja libre el gancho. La cesta del pan se eleva, y la tostada asoma por la parte superior del aparato. Al mismo tiempo se desconecta la calefacción principal. Esta secuencia de operaciones funciona perfectamente, pero el bimetal necesita demasiado tiempo para la primera fase: curvarse.

Se ha previsto para ello una posibilidad de ajuste: un tornillo **(20)** (izquierda) que tiene que apretarse completamente con un destornillador en cruz. Como esto no es suficiente, sacamos el muellecito de presión, enhebrado por detrás de la chapa, sobre el tornillo. Ahora puede apretarse éste algo más, pero el tiempo de tueste del pan sigue siendo excesivamente largo. Por eso torcemos el bimetal todo lo posible hacia delante **(21)**, con lo que hemos llegado al límite de las posibilidades, el gancho no retiene ya con seguridad al bajar la empuñadura, porque su recorrido hacia atrás ha quedado muy limitado.

Fig. 22

Fig. 23

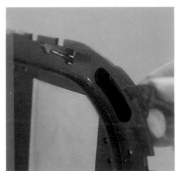

Fig. 24

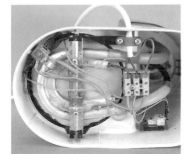

Fig. 25

Fig. 26

Fig. 27

Cafeteras

En la cafetera **(22)**, sorprende que el fondo no esté sujeto con tornillos, sino, simplemente, con ganchos de plástico **(23)**. Se trata de un producto de una marca de precio medio. El fondo se desprende hurgando a ciegas con el destornillador, y ahora puede verse cómo funcionan los ganchos **(24)**. La conexión y el dispositivo contratracción **(25)** están bien y son estables. El grupo calefactor —exteriormente tubo de agua, interiormente elemento calefactor, soldados entre sí— es fácil de cambiar. El sello del fabricante, en este caso una firma importante, facilita la adquisición de recambios. Para sustituir el grupo calefactor, hay que aflojar los dos tornillos de ranura en

cruz, que asientan en el asa. Los latiguillos sólo están enchufados, lo cual es suficiente dada la baja presión del aparato. Las conexiones eléctricas van asimismo enchufadas.

Puede ser necesario desmontar el grupo calefactor, no porque esté quemado, sino por otros motivos, como cambiar el apoyo de chapa para la jarra por otro de mejor aspecto, por ejemplo de acero inoxidable.

El interruptor es otra pieza susceptible de desgaste. Hemos obtenido buenos resultados con un modelo provisto de dos «clips» de plástico **(26)** que puede adquirirse en cualquier comercio de material eléctrico. Por eso no merece la pena adquirir el interruptor especial **(27)** que trae instalado el aparato, cuya susti-

tución es mucho más laboriosa. Si el nuevo interruptor no encaja, no hay ningún problema; con una lima pequeña se agranda lo suficiente la abertura.

Hay que eliminar frecuentemente las incrustaciones calcáreas de las cafeteras que se usan a diario. Al hacerlo, es de temer que las incrustaciones calcáreas y el ácido caliente utilizado para disolverlas ataquen, con el tiempo, la superficie lisa interior del tubo del agua. Así se explica que cada vez sea más difícil eliminar las incrustaciones.

Un método menos agresivo para disolver la cal es llenar la máquina (fría) con vinagre (sólo el tubo y los latiguillos) y dejarla así durante toda la noche.

Fig. 28

Fig. 29

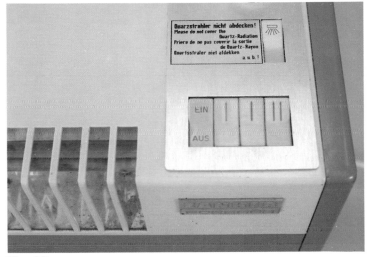

Fig. 30

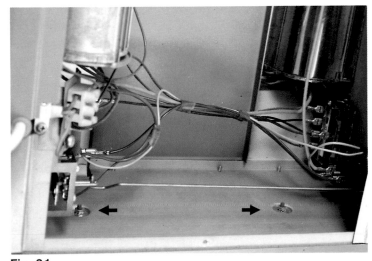

Fig. 31

Termoventiladores

Los termoventiladores, a pesar de todas sus ventajas, tienen, sin embargo, un grave inconveniente: aspiran considerables cantidades de aire y las expulsan de nuevo una vez se han calentado. No es posible conseguir una potencia de calefacción satisfactoria sin una velocidad del aire relativamente elevada. Pero, con el aire, se transporta polvo a través del aparato y se reparte por la habitación. Cuanto más pequeñas son las aberturas de entrada y salida del aire, más desagradable es este efecto. Los calefactores grandes de este tipo (28) debieran llevar una esterilla filtrante de gran superficie que pueda quitarse fácilmente (29) para limpiarla a menudo con el aspirador.

A pesar del filtro, en el calefactor se forman depósitos de polvo que se adhieren fuertemente debido a las grasas y alquitranes (del humo del tabaco) contenidos en el aire. En la figura (30), a la izquierda, se puede ver que el espejo del radiador de cuarzo integrado está sucio. Con la limpieza mediante trapos y palillos de dientes no se ha logrado nada positivo, y queremos hacer una limpieza general.

La sólida carcasa tiene unas chapas laterales, sin tornillos visibles. Se mantienen sujetas por medio de unos vástagos roscados soldados, asegurados interiormente con tuercas y arandelas elásticas (31) (flecha).

Quitando una de las chapas laterales puede levantarse la rejilla embellecedora (32). El grupo ventilador, formado por la turbina radial con motor de polos hendidos y espirales calefactoras

Fig. 32

Fig. 33

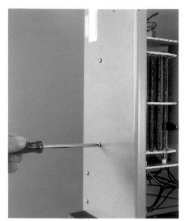

Fig. 34

sujetas sin apoyo **(33)** está atornillado al fondo de la carcasa **(34)**.

La espiral calefactora se ha hecho pasar, en un recorrido de ida y vuelta, por unos discos perforados de cerámica. En el centro hay un tercer disco igual que está para reducir un poco la amplitud de la flexión **(35)**.

En los termoventiladores, las resistencias calefactoras no deben ponerse jamás al rojo. Aparte de la corriente del aire, lo impide el valor de la resistencia, debidamente seleccionado. En ausencia de corriente de aire, las resistencias se pondrían al rojo, por eso se ha previsto en el diseño que, en caso de corte de la corriente que alimenta al motor del ventilador, se interrumpa también la alimentación eléctrica de la calefacción. En cambio, el frenado mecánico del ventilador por avería mecánica no implica, ciertamente, este mismo efecto de seguridad si el circuito es de tipo sencillo. En eso radica el peligro de los termoventiladores.

El aparato de nuestro ejemplo —más caro— tiene regulación ter-

Fig. 35

Fig. 36

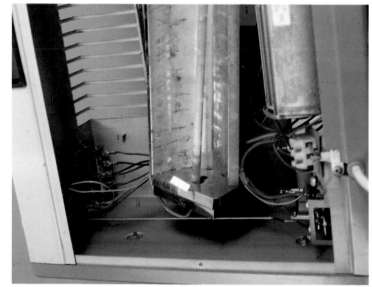

Fig. 37

Fig. 38

Fig. 39

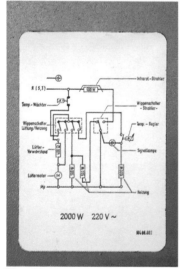

Fig. 40

mostática. Cuando el termostato detecta la temperatura límite para la que está ajustado, no desconecta el aparato, sino que pasa la calefacción a un valor inferior, haciendo girar el motor del ventilador (intercalando una resistencia) a menor velocidad. Por estas razones no puede preverse si la sustitución de una espiral calefactora quemada por otra nueva de igual potencia perturbará o no las proporciones equilibradas del ventilador. A este respecto, es interesante señalar la forma en que el fabricante ha resuelto técnicamente la conexión entre el alambre calefactor y la acometida eléctrica: con casquillos terminales prensados en los conductores [**(35)**, a la derecha, junto a los orificios de paso de la cerámica].

Aparte de la dificultad técnica, una reparación de este tipo contraviene también la prohibición expresa de las Normas.

El espejo de la barra de cuarzo, que requiere una limpieza especial **(36)**, está fijado con tornillos en la parte superior. Los aisladores cerámicos de paso van sujetos con angulares de chapa encajados a presión **(37)** que hay que extraer. A continuación, la barra de cuarzo puede sacarse de la bandeja **(38)** (en la parte delantera, el angular de chapa de seguridad).

Para facilitar la comprensión de las peculiaridades del circuito (por ejemplo, el ventilador sólo calienta en el grado «débil» cuando está conectada la barra de cuarzo), el aparato lleva pegada una etiqueta con el esquema eléctrico **(40)**. Merece la pena señalar, sin embargo, porque también se encuentra en muchos aparatos más sencillos, un importante detalle conectado de modo análogo —la interrupción de la alimentación de la resisten-

Fig. 41

cia de calefacción cuando el motor se queda sin corriente— ya que es muy importante para la seguridad.

Calefactores por convección

Hay sistemas de calefacción eléctrica por convección consistentes en aparatos de pie o de pared **(41)** que ocupan menos sitio. La disposición de las espirales calefactoras en estos aparatos es muy parecida a la de los termoventiladores que acabamos de describir; la diferencia reside en que aquí el movimiento del aire no lo produce el ventilador, sino el efecto de convección: el aire caliente asciende sin ruido.

En estos aparatos, el aire se conduce a una especie de chimenea que, para mayor sencillez, suele estar formada por las cuatro paredes de la carcasa del calefactor. Aquí **(42)** (en la página siguiente) se ha colocado una chapa deflectora para evitar que se calienten las conexiones.

Fig. 42

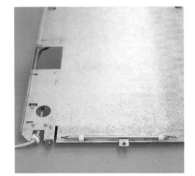

Fig. 43

El termostato regulable es del tipo más caro, como el que se utiliza en los frigoríficos. La gran precisión con que mantiene la temperatura permite ajustar la calefacción a un nivel muy débil (protección contra la congelación).

El termostato [**(43)**, debajo del sensor] ha de cambiarse siempre completo, y el tubito capilar **(42)** (flecha) no debe acortarse. Para la sustitución de las espirales valen las mismas normas que en los ventiladores de calefacción. Desde luego, en general, los aparatos de convección están construidos de manera que los alambres calefactores se pongan al rojo.

Aparatos con motor

Durante mucho tiempo, los motores eléctricos fueron independientes de la máquina que accionaban. La estructura de todos ellos era muy parecida: en el centro, un cuerpo de fundición redondo o perfilado, con el interior torneado para recibir el paquete de chapas y los devanados. Los extremos iban torneados para servir de asiento a las tapas de los portacojinetes. Éstas, también de fundición y mecanizadas en el torno, iban atornilladas al cuerpo central.

Sin tener en cuenta las variantes que podía requerir una aplicación determinada, las tres piezas giratorias más caras se fabricaban exclusivamente para cada motor. Hoy hay series normalizadas muy escalonadas, y los productos de los distintos fabricantes tienen que cumplir esas Normas, por lo que son iguales en lo esencial.

La estructura de estos motores normalizados [véase «Motores eléctricos» **(6)**] quedó superada cuando empezaron a construirse herramientas eléctricas (la primera de ellas fue una taladradora portátil). Los costes aumentaron porque el mecanismo necesario y los cojinetes del eje de portaherramienta requerían trabajos de torneado excéntricos con un mecanismo taladrador de precisión, que son más caros aún que los trabajos en el torno.

Una taladradora de percusión de estas características es la representada en las figuras **(1)** y **(2)**. Este principio constructivo de las herramientas eléctricas se mantiene aún en las actuales, cuan-

Fig. 1

do se requiere que la carcasa tenga una gran resistencia mecánica (amoladoras angulares) o si se precisa una carcasa redonda del menor diámetro posible. Las máquinas de este tipo con una antigüedad máxima de diez años, pueden repararse si se considera que el gasto merece la pena. No obstante, hay que detenerse a considerar si el progreso alcanzado ha superado tanto la concepción de la máquina que ésta resulta anticuada. La sustitución del cable por uno nuevo no suele plantear problemas, ya que, en general, basta con desatornillar una cubierta en la zona de la empuñadura.

Los rodamientos de bolas suelen ser piezas de lista y pueden sustituirse sin dificultad, aunque para cambiarlos y engrasarlos correctamente se requieren conocimientos y herramientas especiales del sector de construcción de máquinas por lo que no trataremos este tema con detalle.

Independientemente de que la parte central y la zona del cojinete que mira hacia el portaútil conste de una o de dos partes, cuando se extrae el rotor, las escobillas, empujadas por sus mue-

Fig. 2

Fig. 3

Fig. 4

dos. En los motores modernos, estas conexiones se realizan con soldadura resistente al calor (véase «Brazos batidores»).

La estructura actual de los motores, totalmente renovada, sobre todo en los motores incorporados a los pequeños aparatos, comenzó con el perfeccionamiento de los plásticos. Gracias a este procedimiento, se logró dotar a las carcasas de resistencia mecánica suficiente, dándoles la forma deseada mediante moldeo por inyección, por lo que ya no requieren ninguna mecanización ulterior con arranque de viruta. Los costes de las herramientas necesarias para formar el moldo negativo de las piezas de plástico se distribuyen entre un número tan grande de piezas fabricadas que, pese al gasto inicial, las herramientas eléctricas y los aparatos electrodomésticos pueden ofrecerse, por primera vez, a un precio asequible.

El montaje de estos aparatos se limita a la colocación de las distintas piezas; se les enchufan las conexiones eléctricas preparadas de antemano y ya sólo queda el atornillado. Por esta razón, su reparación debería ser muy fácil.

Lamentablemente, el empeño por esconder, en lo posible, hasta el último tornillo requerido o sustituirlo por un cierre de pestillo, favorece, ciertamente, el deseo (ajeno a los fines de la máquina), de conseguir un diseño estilizado, pero da muchos quebraderos de cabeza en la reparación. Lo único que se puede hacer es examinar minuciosamente el aparato y aguzar el ingenio.

lles, se desplazan hacia dentro. El rotor no se podrá introducir de nuevo sin sacar las escobillas. Por esta razón, los aparatos antiguos llevan dos caperuzas atornilladas, protegidas generalmente con rebordes de fundición para que no sufran daños, y la taladradora **(1)** lleva dos trampillas debajo de las cuales se encuentran las escobillas. También las máquinas modernas **(3)** (lijadora angular) están equipadas de esta manera. Gracias a ello, el cambio de las escobillas desgastadas por otras nuevas tampoco plantea dificultades. Sin embargo, es una de las reparaciones menos frecuentes dado el escaso desgaste que sufren las escobillas.

Si el aparato chisporrotea **(4)** y emite un sonido ronco, el cambio de escobillas apenas si servirá de ayuda. El aparato tiene en cortocircuito uno o varios devanados del rotor, o cables interrumpidos en esa zona. Ambos defectos se agrupan bajo la calificación de «quemado», aunque, en sentido estricto, el aparato sólo se quemaría realmente si se siguiese utilizando.

Un aparato en esas condiciones no debe continuar en servicio bajo ningún pretexto, ya que perturbaría la recepción de radio y de televisión de los vecinos. La causa de este tipo de interrupciones suele ser un intenso calentamiento del motor, que ha reblandecido el estaño de las soldaduras de las delgas del colector y la fuerza centrífuga ha arrancado los alambres solda-

Taladradoras

Estas taladradoras portátiles de unos diez años de antigüedad **(5)**, antes muy baratas, desvelan sus secretos al quitar siete tornillos y una de las mitades de la carcasa. Al contrario que las batidoras y la cortadora universal, que llevan los motores «adosados», como podemos ver aquí, la carcasa alberga todas las piezas. El dispositivo contratracción [**(5)** parte inferior izquierda] va integrado en la carcasa sin tornillos. El conmutador, el estator, uno de los apoyos del rotor y los portaescobillas, van simplemente encajados. En la parte superior izquierda va introducido un sencillo interruptor. Con él se puede desconectar uno de los dos devanados (de campo) del estator. Así se consigue reducir el número de revoluciones del motor, aunque, desde luego, con la consiguiente pérdida de potencia. Naturalmente, esto no tiene nada que ver con el control de entrada de fases, pero permite dos velocidades. También hay una placa de acero relativamente pesada encajada en unas ranuras; esta placa sirve de contrafuerte para el mecanismo de percusión y contiene el segundo cojinete del motor. También va encajado el apoyo del eje del portabrocas. De este modo, casi todas las piezas pueden sacarse y cambiarse sin necesidad de herramientas. También las modernas taladradoras **(6)**, a pesar de ser más caras, están construidas así. Las piezas **(7)** pueden sacarse fácilmente; sólo algunas conexiones eléctricas tienen que soldarse, para montar las de recambio. Mientras que las máquinas pe-

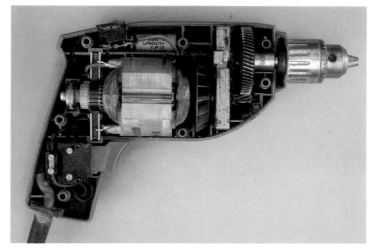

Fig. 5

Fig. 6

queñas **(5)** van sujetas por siete tornillos iguales, aquí se utilizan tres tipos de tornillos. Para volver a colocar estos tornillos y las distintas piezas en el orden correcto al efectuar el montaje, se aconseja colocar las piezas, debidamente ordenadas, mientras se van desmontando **(8)** y, en caso necesario, dibujar un croquis y tomar unas breves notas. A veces, al intentar una repara-

ción se tropieza con ciertas limitaciones. El hueco de la empuñadura de la supertaladradora **(9)** está totalmente repleto de electrónica. A la máquina se le puede colocar, desde luego, un cable de conexión nuevo, pero si hay un fallo que afecta a todas las funciones, lo más probable es que resida en la electrónica. En este caso, habrá que llevar la máquina al taller de reparación.

Fig. 7

Fig. 8

Fig. 9

Fig. 10

Batidoras

Como ya se ha dicho, los electrodomésticos están construidos según el mismo principio que las taladradoras **(5)**, **(6)**, **(7)**. Como ejemplo, podemos tomar la batidora **(10)**. Desde luego, la parte mecánica es aquí más complicada que la eléctrica, pero también ésta tiene sus peculiaridades.

El mecanismo de tornillo sin fin, que reduce considerablemente las revoluciones del motor y los dos ejes huecos de las cuchillas batidoras y mezcladoras, que giran en sentidos opuestos accionadas por el motor, están unidos a él (centro) y al dispositivo de expulsión formando un bloque.

A la derecha se encuentra la toma para un brazo batidor. En caso de avería, sea eléctrica, en el motor o mecánica, en una de las piezas accionadas, habrá que cambiar este grupo completo, lo cual no es difícil.

En la foto, prácticamente oculto por el mecanismo de expulsión, se encuentra el selector de velocidades, con tres escalones de ajuste. La regulación no se hace por medio de un control de entrada de fase, sino conectando y desconectando partes de los devanados de campo. Naturalmente, ¡si se cambia este conmutador hay que tener cuidado de no confundir los cables! Antes de desoldar cada conductor, identi-

fíquelo por medio de una etiqueta adhesiva.

El componente de la parte superior derecha es un interruptor de sobrecarga, comparable a un interruptor automático de seguridad. Si se activa, por la parte derecha de la carcasa asoma un vástago. Al enfriarse el motor sobrecargado, oprimiendo este vástago, el aparato queda de nuevo en condiciones de funcionamiento.

Todos los motores necesitan refrigeración durante el funcionamiento y, por eso, casi todos llevan aletas en el rotor. La refrigeración sólo funciona si la carcasa tiene dos aberturas de ventilación enfrentadas. Por una de ellas se aspira el aire y, con él, todas las materias del ambiente que sean lo bastante finas y ligeras. La taladradora **(1)**, **(2)**, por ejemplo, está llena de polvillo de madera y la batidora **(10)** lo está de harina de trigo.

Muchas anomalías de funcionamiento se deben a esta suciedad. Por eso, cualquier reparación implica una limpieza de la máquina.

La acumulación de cabellos en el conducto de aire caliente y en la cámara del motor de las secadoras de pelo es muy desagradable y peligrosa. Si la corriente de aire se modifica (normalmente se reduce) —posiblemente por el efecto de frenado de los cabellos enrollados en el eje del motor y en las aletas del ventilador— la temperatura aumenta de forma incontrolada. No es raro que, de repente, el secador lance una llamarada. Por esta razón, la limpieza del secador es siempre una reparación importante de mantenimiento preventivo.

Brazos batidores

Nuestro brazo batidor **(11)** tiene, evidentemente, un defecto mecánico. A veces zumba cuando se conecta, con frecuencia emite ruidos extraños y su marcha se hace perceptiblemente más lenta.

Ambas cosas indican que el motor se frena por alguna razón, por lo que se sobrecarga. Sobre todo, si el mecanismo agitador no gira en absoluto al conectarlo, es preciso desconectar inmediatamente el aparato e intentar repararlo; de lo contrario, podría quemarse la próxima vez que se utilice.

En la tapa superior van dos tornillos que hay que aflojar para quitar la tapa **(12)**. No se ve ningún otro tornillo que haya que quitar para desmontar el aparato. La única posibilidad de continuar podría depender de las dos «marcas», que parecen rebabas de colada **(13)**. Con un destornillador pequeño apretamos en todo el contorno —no sin causar algún rasguño— y descubrimos que se trata de tapones de superficie inclinada que se pueden girar, y entonces sobresalen un poco **(14)**. Tiramos de ellos con unos alicates combinados y vemos dos tornillos que, probablemente, mantienen unido el aparato. Para mayor facilidad, recogeremos todos los tornillos en la forma acostumbrada en la tapa del aparato **(15)**. Ahora puede quitarse la parte superior completa. Está unida al motor con dos cables (sólo enchufados). Como el conmutador del aparato está montado y conectado por delante de los cables, éstos pueden cambiarse sin temor y

Fig. 11

Fig. 12

Fig. 13

Fig. 14

Fig. 15

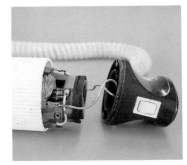

Fig. 16

no es preciso identificarlos antes de enchufarlos de nuevo **(16)**. Ahora puede extraerse el motor, junto con el brazo batidor, tirando de él hacia atrás, hasta que el platillo deflector tropiece con la carcasa principal. Vemos tres tornillos **(19)** que unen el motor y el cojinete del brazo batidor, pero no conseguimos llegar a ellos. Hay que quitar el platillo

deflector de la batidora. ¿Que está montado a presión? Pues tendremos que hacer fuerza. Probaremos si se mueve algo intentando girarlo; si es así, el platillo puede desenroscarse a derechas.

¿Es que se trata de una rosca a izquierdas?

Naturalmente: los accesorios de batir, rallar o picar giran a dere-

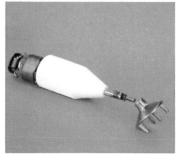

Fig. 17

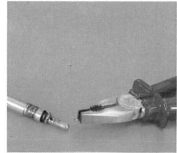

Fig. 18

Fig. 19

Fig. 20

Fig. 21

Fig. 22

miento, de plástico blando, va simplemente encajada **(20)**.

Comprobemos ahora el motor **(21)**. Está muy limpio. No se aprecian huellas de erosión de ningún tipo. En el colector no hay nada quemado, las escobillas asientan limpiamente. Vemos que los extremos de los devanados están soldados a las delgas del colector, pero no con estaño: es la moderna técnica de fabricación. Son laminillas de poca anchura; se trata de un motor económico (véase «Motores eléctricos»).

El motor se puede hacer girar con dos dedos, aunque no con demasiada facilidad, ya que las escobillas lo frenan. No hay rugosidades, si las tuviese se notarían. La causa de la avería ha de estar, por lo tanto, en la parte batidora.

Quitemos el disco en forma de cubeta y el muelle que se oculta detrás **(22)**; ambos tienen incrustaciones negras: restos de alimentos y de grasa.

La junta de plástico del eje [blanca en la figura **(22)**] tiene buen aspecto. Si intentásemos sacarla (probablemente está montada a presión) se estropearía. Si la junta no tuviese tan buen aspecto, estuviese deformada o retorcida, tendríamos que adquirir un mecanismo agitador nuevo, mejor completo.

También en el eje, que habremos extraído directamente, vemos que la junta ha hecho bien su trabajo. En la parte superior está limpio, y si la junta hubiese sido mala estaría sucio. Tampoco debe intranquilizarnos el desgaste del eje antes del orificio del vástago **(22)** ya que se debe a la colocación y extracción de

chas y podrían aflojar el platillo, que se caería. Antes de separar el platillo **(17)**, hay que quitar el pitón de arrastre. Hemos fotografiado el acceso al mismo **(18)** después de quitar el platillo, porque éste nos impediría verlo.

Afortunadamente, el pitón de arrastre no está atornillado y puede sacarse con los alicates. En el centro [ver también **(15)**]

tiene una muesca como la de los pasadores cónicos empleados en la construcción de máquinas. Gracias a eso quedará sujeto cuando volvamos a apretarlo en el montaje.

Ahora puede sacarse todo el grupo y desenroscar el motor sin más complicaciones **(19)**. El muñón del eje tiene dos superficies planas; la pieza de acopla-

los discos batidores. Detrás del orificio, sin embargo, evidentemente en la zona del cojinete, el eje tiene marcas regulares de óxido. Sólo podemos pulirlo con papel o tela de esmeril finísimos (K 400 o más fino). Las señales, evidentemente, no desaparecen por completo **(23)**, pero el resultado es satisfactorio.

Esperemos que el cojinete del brazo batidor sea de los llamados sinterizados, que absorben una cierta reserva de aceite. Los orificios del cojinete parecen limpios; miremos a través de ellos como por el cañón de un arma de fuego. Naturalmente, nos abstendremos de pasar un trapo empapado en gasolina.

Desde el punto de vista higiénico, el aceite comestible sería el lubricante adecuado. Pero se resinificaría con demasiada rapidez y destruiría nuestro trabajo de reparación. Por eso engrasaremos cuidadosamente el cojinete con aceite para máquinas de coser. Como hemos dicho, en parte tiene que absorberlo. Eliminaremos el sobrante con un trapo colocado sobre un trozo de madera. Ahora ya podemos iniciar el montaje. El mecanismo agitador que sobresale se ha de poder girar con facilidad; de no ser así tendremos que volver a empezar.

Sumergimos la batidora, provista de sus accesorios, en un recipiente lleno de agua hirviendo con unas gotas de detergente hasta 10 cm de altura y la conectamos por medio de un interruptor de corriente de defecto (véase el capítulo «Comprobación»). Este procedimiento es un ensayo eléctrico (si la batidora no estuviese bien estanqueizada

Fig. 23

Fig. 24

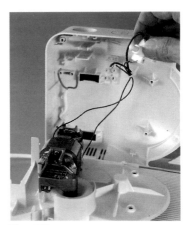

Fig. 25

y el agua pudiese penetrar en el aparato el interruptor de corriente de defecto lo desconectaría), a la vez que de limpieza.

Cortadoras universales

La cortadora universal o cortafiambres es un electrodoméstico cuya carcasa no parece estar formada por dos valvas y, sin embargo, lo está.

Parece que sólo lo sujetan dos tornillos, pero no es así. Debajo de la cuchilla, cuya fijación central se desatornilla mejor con una moneda grande que con un destornillador, aparecen, otros dos tornillos **(24)**.

Todo va encajado **(25)**: pulsador, clemas de porcelana, motor. El motor está «adosado», pero también hay modelos cuyas distintas piezas están embebidas en agujeros apropiados. El dispositivo contratracción es muy sencillo **(25)** (parte inferior izquierda). Si hubiese que adquirir un interruptor de recambio, habrá que tener en cuenta que no se

trata de un interruptor enclavable, aunque lo parezca. Preventivamente se ha instalado un pulsador que, al soltarlo, se desconecta como el de un timbre. La cortadora universal se parece a una sierra circular, y sería una grave responsabilidad que la cuchilla de la máquina pudiese girar inadvertidamente, dado que casi no hace ruido.

Aspirador de polvo

Un buen día conectamos el aspirador y en vez de funcionar, hizo saltar el fusible. Quitando to-

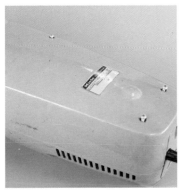

Fig. 26

Fig. 27

Fig. 28

Fig. 29

gica: condensador perforado, conexión directa parcial entre L y N: cortocircuito. Esto es muy plausible.

Un sistema antiparasitario consta, en general, de tres condensadores alojados en una caja, dos de ellos de igual capacidad y el tercero de capacidad mucho mayor. Están conectados juntos dentro de su envolvente y tienen tres o cuatro conexiones. Aquí, las cuatro conexiones no tienen más que dos colores —negro y azul— y hay un conector extra para una conexión interna. En general, pero también especialmente en relación con el cambio de condensadores antiparasitarios, las Normas prohíben montar piezas distintas de las suministradas o autorizadas por el fabricante. No queda más remedio que hacerlo así, porque el circuito interior nos es desconocido y no podemos conocerlo por experiencia.

En vista del escaso número de colores de cables, es muy importante que, antes de desenchufar el conector de separación, identifiquemos los extremos de los cables con etiquetas o por otro método análogo. En nuestro caso tardamos varias semanas en conseguir el nuevo condensador. Si no hubiésemos identificado los cables, en el momento del montaje no hubiésemos recordado qué cable había que conectar a cada sitio **(29)**.

Después de cerrar la carcasa, conectamos el aspirador por medio del interruptor ID (ver capítulo «Comprobación»). Se puso en funcionamiento inmediatamente sin necesidad de accionar el interruptor. Tampoco se podía desconectar: se habían soldado los

das las piezas que no tienen nada que ver con el accionamiento ni con la conexión eléctrica (saco colector de polvo, tubos, etc.), se ven cuatro tornillos que mantienen unidas ambas mitades de la carcasa **(26)**. Levantando la parte inferior **(27)** quedan a la vista todos los componentes.

La comprobación del cable y de sus conexiones no nos permitió averiguar nada sobre la causa del cortocircuito. Ni en el motor ni en su entorno había nada quemado ni con carbonilla.

Al observarlo con detenimiento, el condensador antiparasitario

(28) (flecha) despertó sospechas. Su masa fundida se había reblandecido y deformado; si se hubiese seguido calentando (lo impidió el fusible) hubiese llegado a fluir toda la masa.

Es difícil imaginar que pueda haber dos causas para un mismo defecto. Más bien es una sola avería la que suele originar varios defectos secundarios, particularmente si no provoca el fallo total del aparato, sino que éste sigue funcionando durante más tiempo. El condensador antiparasitario, evidentemente defectuoso, constituía, en este caso, la avería, ya que, pensando con ló-

Fig. 30

contactos del interruptor como
consecuencia del cortocircuito.
Había que montar un nuevo interruptor. El interruptor se encuentra debajo del motor. Este o,
mejor dicho, el grupo, ya que el
motor y la turbina están unidos
formando un solo bloque, se alo-
jan en unas escotaduras de las
valvas de la carcasa, protegidos,
por un lado, por un manguito de
goma. Por el lado del colector, el
grupo está sujeto con dos tornillos. Una vez quitados éstos, puede levantarse todo el grupo
(30). Ahora podrá verse un tornillo que, por su posición, tiene
alguna relación con el interruptor, y por eso hay que aflojarlo
(31). Se observa ahora que el interruptor va apoyado en un estribo colocado en la carcasa. Este
estribo está sujeto, además de
por el tornillo **(31)**, por otros dos
que se encuentran cerca de los
tornillos de fijación del grupo.
Por último, puede sacarse el estribo **(32)** (parte delantera izquierda del nuevo interruptor).
Los conductores de conexión del
interruptor, muy largos, van em-
bridados al estribo en unos soportes especiales. El cambio del
interruptor propiamente dicho
es muy fácil, ya que sólo está sujeto en su alojamiento por me-

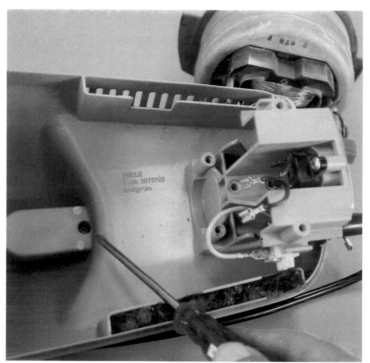

Fig. 31

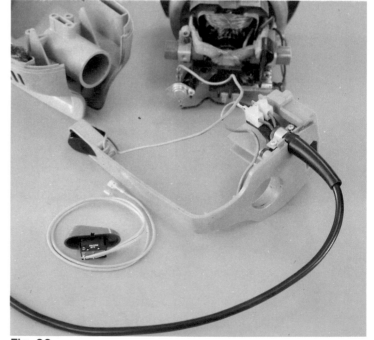

Fig. 32

dio de unos clips de plástico inyectado. Los cables de conexión, como casi todas las demás conexiones del aspirador, llevan unos conectores que, naturalmente, han de enchufarse a las clavijas correspondientes aunque no hay confusión posible porque este desconcctador unipolar no tiene ninguna orientación de conexión determinada. En **(31)**, **(32)** se ven, a un lado de la carcasa, la serie de ranuras de salida del aire de refrigeración del motor. Estas ranuras están cubiertas por tiras blandas de fieltro basto, de las que hemos quitado una. Estas tiras son un sencillo filtro para el polvo fino y han de retener el polvo que penetra a través del saco de papel. Por esta razón, las hemos quitado en esta ocasión y las hemos limpiado con aire comprimido en una estación de servicio.

Para el montaje del aparato no hay que emplear la fuerza. Algunos cables están colocados de modo que podrían quedar atrapados, inadvertidamente, entre las piezas de la carcasa. Si ocurriese esto, habría que volverla a abrir y apartar los cables. Lo mismo sucede, naturalmente, con los enchufes de toma de corriente, que son de tipo normal: algunos de ellos, por su construcción, parecen programados para que los cables queden atrapados de esta manera.

Fig. 33

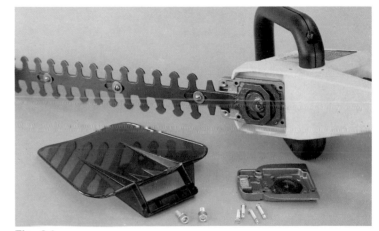

Fig. 34

Tijeras cortasetos

Las tijeras cortasetos **(33)** pertenecen a una clase de aparatos eléctricos destinados a funcionar en condiciones especiales. Para este grupo —al que también pertenecen los cortacésped— existen normas especiales. En cuestiones eléctricas, las averías son raras, ya que las tijeras cortasetos son aparatos que se utilizan esporádicamente. Lo más frecuente es que se emboten las cuchillas dentadas de la máquina. Si se sigue trabajando así, es de temer, naturalmente, que el motor se sobrecargue y acabe quemándose. Por su construcción, este aparato es del tipo de carcasa con valvas. El cambio del cable de conexión y del interruptor no revisten ninguna dificultad.

La barra de cuchillas está formada por dos piezas dentadas que deslizan una sobre otra en dirección longitudinal. Sólo una de las piezas tiene biseles afilados que han de reafilarse periódicamente. Habría que evitar, mediante el oportuno afilado, que la otra pieza se desgastase excesivamente (cantos redondeados) debido al efecto de pulido del material que se corta. La máquina debe cortar como unas tijeras bien afiladas, sin aplastar el material. Las dos partes de la barra de cuchi-

Fig. 35

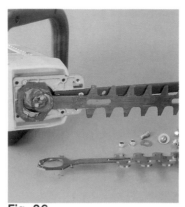

Fig. 36

Fig. 37

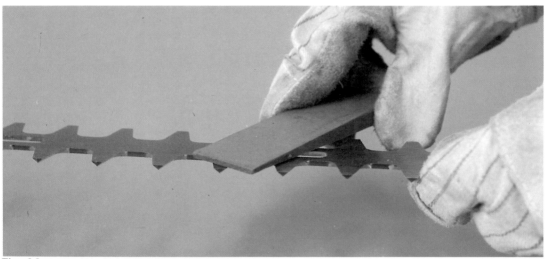

Fig. 38

llas son accionadas por sendos discos excéntricos. Hay que quitar, ante todo, la protección para las manos y la tapa de los mecanismos **(34)**. Quitando ahora el vástago roscado que une las cuchillas al carril guía **(35)**, la barra dentada «roma» cae por sí sola de su excéntrica. La figura **(35)** muestra su curvatura en la zona del orificio alargado de accionamiento. Así queda un espacio intermedio en la zona de la excéntrica, mientras que, de lo

contrario, las barras apoyarían una en otra en toda su longitud, condición necesaria para el efecto de corte. Al montarlas se ha de prestar atención para no orientar la curvatura al revés. Las cuchillas de bisel cortante deben alejarse de la excéntrica delantera formando un ángulo determinado **(36)**.
Para afilar las cuchillas puede utilizarse una amoladora recta con muela de vástago ni demasiado gruesa ni demasiado fina **(37)**.

También puede utilizarse una amoladora angular para una sola mano. Por último, hay que alisar el lado plano **(38)**.
En todas partes —piezas de la barra de cuchillas, vástagos roscados y excéntricas en sus ranuras— se mueve acero contra acero. Las barras cortantes no sólo tienen que desmontarse cuando necesitan un afilado, sino también de vez en cuando para lubricarlas abundantemente con grasa.

Fig. 39

Frigoríficos

El frigorífico es un mueble muy útil. Presta servicio durante muchos años y hay que descongelarlo y limpiarlo periódicamente. En caso de avería grave, no tiene reparación, y hay que evacuarlo adoptando precauciones especiales debido a su contenido de CFC (clorofluorcarbonos). En la parte trasera (**1**) inferior vemos su pieza fundamental: el motor, con la bomba. La mayor parte de la pared trasera está ocupada por el condensador, con sus laminillas de refrigeración, donde se enfría y licúa el gas CFC caliente. La bomba, el condensador y el vaporizador (en el interior del frigorífico) constituyen un sistema cerrado. Sólo puede vaciarse, repararse y recargarse de nuevo con un amplio equipo de aparatos especiales. Los frigoríficos domésticos no vale la pena llevarlos al taller del fabricante o a un taller especializado.

Aparte de la lámpara de incandescencia del interior, es posible

Motores de polos hendidos

Un tipo especial de motor, frecuentemente empleado para accionamiento de bombas y ventiladores, es el motor de polos hendidos. Se trata de un motor monofásico con inducido en cortocircuito (véase «Motores eléctricos»). Su fase auxiliar está formada por dos devanados de alambre de cobre grueso (**39**). En vez de un par de bobinas sólo tiene una. Aparte de las ventajas ya citadas para los motores asíncronos, apenas requiere mantenimiento y es apropiado para funcionamiento permanente. Para ello se sacrifica rendimiento y su uso se limita a potencias hasta unos 100 vatios.

Debido a su escaso rendimiento, este motor se calienta mucho cuando funciona.

Normalmente se monta en la carcasa de aparatos grandes para el accionamiento de grupos secundarios, ya que en esos aparatos el calor se disipa sin consecuencias.

Las aletas de ventilador de estos motores (**39**) (a la derecha) suelen ir encajadas en el eje. Si el montaje se hace mal, se estropean con facilidad. También puede observarse, ocasionalmente, que su orificio no abarca ya suficientemente el muñón del eje. En ese caso, el ventilador no funciona o es expulsado. Si la avería no es aún tan grave, puede solucionarse con una gota de adhesivo de dos componentes para unir fuertemente las aletas al eje.

Fig. 1

cambiar las piezas de desgaste si el grupo sigue funcionando y no se ha oxidado la parte inferior del cuerpo del frigorífico. Aquí tenemos, en primer lugar, el cable de conexión **(2)**, ciertamente de difícil acceso. En el modelo fotografiado no es posible desatornillar y girar el motor porque va sujeto de modo indesmontable por medio de unas orejetas de chapa y no con tornillos.

Muchos frigoríficos presentan manchas porque la junta de la puerta se ha pegado. Es una lástima, porque la sustitución de esta junta es muy sencilla.

Levantando la junta (normalmente desde el interior hacia el exterior) **(3)**, aparecen los tornillos de fijación.

Una vez quitados todos los tornillos de fijación, puede quitarse el revestimiento interior de la puerta. Suele tratarse de una pieza estampada de poliestireno que, en muchos casos, ha resistido mal los constantes cambios de temperatura y las solicitaciones mecánicas. Las fisuras y las partes rotas guardarlas; pueden pegarse de modo casi invisible. Para ello se utilizará un adhesivo de dos componentes o —lo que es más aconsejable si se trata de poliestireno— cloroformo adquirido en una farmacia. El propio poliestireno sirve entonces de adhesivo, ya que el cloroformo no es más que un disolvente.

Los frigoríficos muy antiguos (que no deberían utilizarse más que como segundo aparato en las cámaras frigoríficas) están mal aislados. En la parte hueca de la puerta es frecuente encontrar un trozo mal cortado de lana mineral. Si el hueco es accesible,

Fig. 2

puede mejorarse algo el aislamiento rellenando el hueco con lana mineral esponjada.

Fig. 3

Lavavajillas

Aunque nuestro lavavajillas **(1)** todavía funcionaba, con los años había sufrido desgastes que reducían su eficacia.

Hemos quitado la encimera para dejarlo a la vista. Esto ha sido posible porque, al colocarla, no se había sujetado con tornillos. Los tornillos de fijación, de rosca para madera, suelen ir colocados en la placa de trabajo desde abajo hacia arriba; se ven en el bastidor superior y pueden aflojarse abriendo la puerta abatible.

Este modelo de máquina apenas ofrece posibilidades de reparación por la parte inferior **(2)**. La abertura del fondo es tan estrecha que no se puede hacer nada a través de ella.

Afortunadamente, el codo de conexión de la manguera de desagüe, en la parte trasera de la máquina es muy accesible. La manguera era demasiado corta y se había prolongado con un tubo de plástico corrugado **(3)**. A pesar de haberse utilizado los manguitos de goma prescritos, las conexiones no eran lo bastante estancas. Lo peor era que las boquillas del interior de los puntos de conexión producían estancamientos.

La manguera vieja puede quitarse rápidamente **(4)** y la conexión de una manguera nueva suficientemente larga tampoco reviste dificultad **(5)**.

La junta de goma de la puerta abatible **(6)** tiene muy mal aspecto. Con el tiempo, los productos detergentes, muy agresivos, han descompuesto el material, con lo que la junta hueca ha reventado y se ha deformado.

Fig. 1

Fig. 2

Fig. 3

Fig. 4

Fig. 5

Fig. 6

Fig. 7

Fig. 8

Fig. 9

Cuatro tornillos rosca chapa sujetan el frente de la puerta abatible **(7)**. Aparte de la manilla de cierre, que está sujeta con dos tornillos **(8)**, hay que sacar todos los botones de mando **(9)**.

Aún no es posible sacar la chapa frontal. Los muñones de cierre han de estar en la posición de «cerrado». Por lo tanto, atornillamos de nuevo la manilla a fin de comprobar que la cerradura tiene un sistema de seguridad para evitar que quede cerrada cuando la puerta abatible está abierta. Esto puede hacerse apretando hacia abajo los marquitos de plástico que rodean el cierre **(10)**.

Este seguro es bastante importante; en la puerta abatible hay un interruptor fin de carrera que pone fuera de servicio la máquina cuando la manilla se desbloquea hacia arriba. Sin el seguro, podría ocurrir que, con la puerta abatible abierta, pero con el cerrojo engarzado, se conectase la máquina, con lo que se verterían al exterior grandes cantidades de agua.

Fig. 10

Fig. 11

Ahora **(11)** se ha quitado la chapa frontal; en la parte superior derecha vemos el reloj de conmutación, y en la parte superior izquierda los depósitos y el dispositivo de dosificación de detergentes.

Los tornillos que sostienen la junta de la puerta a través de la chapa, están colocados cerca del borde, a intervalos regulares **(11)**.

Se advierte que la serie inferior de tornillos no es accesible de esta manera. Hay que desatornillar la puerta abatible de sus

Fig. 12

Fig. 15

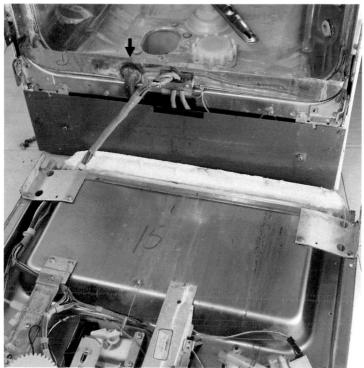

Fig. 13

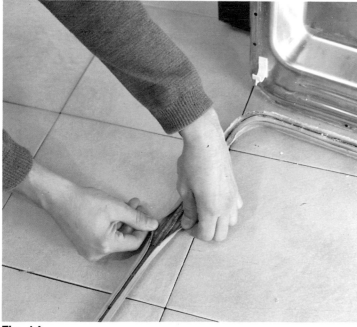

Fig. 14

charnelas, y desmontarla **(12)**. Ahora puede depositarse la puerta abatible sobre el suelo —con cuidado para no dañar el haz de cables— **(13)**, y pueden quitarse todos los tornillos de sujeción, algunos de ellos con el destornillador aplicado oblicuamente, porque están cubiertos por algunas partes del conmutador temporizado.

Hay que asegurarse de que se han quitado, realmente, todos los tornillos. La junta, que va pegada, hay que separarla de la chapa, tirando con fuerza. Un tornillo olvidado podría hacer que se torciese el bastidor de latón en torno al cual está sujeta la junta de goma **(14)**. El bastidor tiene adheridos restos de goma y hay que rascarlo para que quede limpio **(15)**. Los tornillos de latón se introducen en unos orificios roscados del bastidor. Como algunos de los tornillos eran ya difíciles de aflojar (y sería mucho peor volver a apretarlos), hemos repasado todos los orificios roscados con una broca de tallar roscas M 4, grado de corte III. Así obtenemos un buen inicio de rosca y, eventualmente, eliminaremos los daños causados al rascar el bastidor.

El bastidor de latón no es plano; en la parte inferior sigue un abombamiento de la puerta abatible. Por eso hay que vigilar que el bastidor esté en la posición correcta al colocar en torno a él la nueva junta.

Como el bastidor está abierto por abajo y, al estar envuelto por la junta, no puede ya desplazarse longitudinalmente, el principio de la unión junta/bastidor se ha de hacer con la máxima exactitud ya que, de lo contrario, las distancias entre orificios de la nueva combinación de junta no coincidirían con las de la puerta abatible.

En esta situación de desmontaje vimos claramente por qué, a pesar de que la junta antigua estaba muy desgastada, nunca se había salido el agua. En la parte inferior de la cubeta de la máquina hay una placa deflectora que capta el agua que sale mal orientada y la desvía hacia una pieza hueca, de goma moldeada **(13)** (flecha).

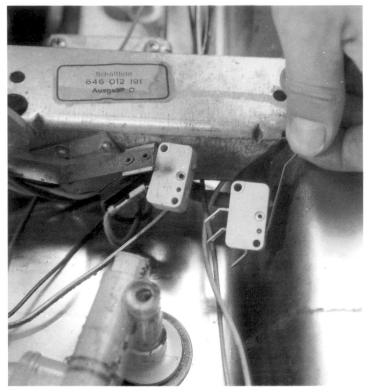

Fig. 16

Sin embargo, desde hacía algún tiempo nos había llamado la atención que la máquina no se desconectaba tan pronto como antes al levantar la manilla de cierre mientras estaba en funcionamiento. Ahora, con la puerta abatible parcialmente desmontada, enseguida descubrimos la causa, siguiendo el sistema mecánico de accionamiento: un pequeño interruptor fin de carrera. Este interruptor está sujeto con dos tornillos a la parte trasera del estribo de chapa **(16)**. Como presenta una clara mancha de quemadura, ni siquiera nos molestamos en comprobarlo, sino que adquirimos inmediatamente otro nuevo **(16)**. Este interruptor

nuevo tiene tres conexiones, en lugar de dos como el antiguo, y no se acciona directamente con el botón de presión, sino que tiene un estribo de presión adicional. Es frecuente encontrar estas variaciones en las piezas de recambio nuevas para máquinas antiguas. El nuevo interruptor también se adapta, probablemente, a otras funciones en otras máquinas, y su sobreequipamiento se ve compensado por la sencillez de su colocación. La conexión, como en el interruptor antiguo, es enchufable, y, para hacerlo, nos guiamos por el esquema eléctrico.

En la figura **(16)** puede verse una etiqueta adhesiva que indica el número del esquema eléctrico

correspondiente a la máquina. Sin este esquema (normalmente extenso, en forma de librito) no podría hacerse nada si hubiese averías ocultas que afectasen al desarrollo del programa. Sin embargo, no todos los fabricantes están dispuestos a facilitar estas interioridades. Pero, aunque se consiga el esquema, se requieren considerables conocimientos teóricos para interpretarlo y reconocer las situaciones en el interior de la máquina. Además, las piezas de recambio son tan caras que, en todo caso, habría que plantearse la adquisición de un aparato nuevo.

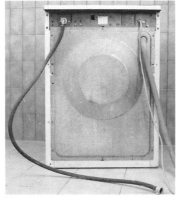

Fig. 1

Fig. 2

Fig. 3

Fig. 4

Lavadoras

Las lavadoras **(1)** (parte trasera) originan toda clase de problemas debido a su estructura. 5 kg de ropa, cuando está mojada pesan de 10 a 15 kg, que tienen que girar a unas 800 revoluciones en un tambor con apoyo «flotante» (en uno de los lados). El tambor con la ropa gira en una cuba de chapa **(2)** muy corta, con suspensión clástica por la parte superior. Por la inferior, dos orejetas soldadas lateralmente, entre amortiguadores de goma apretados con tornillos, tienen li-

bertad para moverse de manera que las vibraciones de la caldera vayan amortiguándose. Asombrosamente, la máquina sólo tiembla y no se desplaza por la habitación.

Por debajo del recipiente cuelga, rígidamente unido a él, el motor de accionamiento. Es un motor de polos conmutables y puede girar a izquierdas y a derechas. Este motor acciona el tambor por medio de una correa trapezoidal, con una relación de reducción de 1:4 aproximadamente.

Esta correa es una pieza de desgaste. Si silba y chirría durante

la aceleración hasta la velocidad de centrifugado, es que está tan desgastada que ya no transmite bien la fuerza del motor.

Retirando la chapa trasera, operación muy sencilla, ya que basta con quitar algunos tornillos y desconectar la manguera de desagüe, podemos apretar lateralmente la correa con el pulgar para comprobarla **(3)**. Esta correa sólo debe tensarse un poco, porque si se tensa demasiado, puede sobrecargar los cojinetes.

La correa se desgasta de dos maneras: por alargamiento, y por erosión de los flancos.

Para tensarla, la brida adosada lleva unos orificios alargados **(4)** (flecha). Si esta holgura de ajuste está ya agotada, es preciso colocar una correa nueva, más corta. Para cambiarla, hay que aflojar los cuatro tornillos **(4)** (izquierda) y desplazar hacia arriba el motor todo lo que permitan los orificios alargados.

Si, después de montar la correa nueva, los cojinetes producen ruido y/o la máquina se acelera con demasiada lentitud, es que la correa está demasiado tensa. Al principio, las correas nuevas se alargan ligeramente; después su longitud se mantiene constante durante algún tiempo. Por lo tanto, habrá que retensarlas al cabo de unos cuantos lavados (eventualmente producen silbidos como las correas desgastadas). La manguera original de alimentación de agua tiene un tamiz filtrante en la boquilla de conexión, junto al grifo. No todos los grifos para manguera vienen preparados para alojar, en su embocadura, ese tamiz en forma de sombrerete, por lo que puede ser necesario colocar en la tuerca del racor una junta más o, en caso de duda, dos. Son mejores, con ese fin, las juntas de goma que las de «prespan».

Por el lado de la lavadora **(5)**, el tamiz está integrado en la boquilla de la máquina **(6)**. Si, en alguna ocasión, gotease ligeramente una de las dos conexiones, la primera vez se podrá solucionar apretando un poco la tuerca. Es mejor cambiar las juntas. Estas conexiones, junto con la manguera, son la principal causa de fugas de agua en ausencia del propietario de la vivienda.

Incluso en las máquinas nuevas, en que la manguera tiene aún resistencia a la presión y resistencia mecánica, y sus juntas son aún estancas sin necesidad de forzar el apriete, la primera regla de seguridad es ¡cerrar la llave de paso del agua después de cada utilización de la máquina! La calefacción eléctrica de la lavadora está sometida a intensas solicitaciones. La temperatura del agua, bastante alta (95 °C), origina abundantes incrustaciones calcáreas en los elementos calefactores que, debido a ello, funcionan sobrecargados y pueden quemarse. Es cierto que los detergentes contienen sustancias que lo impiden o retardan, pero también hay productos específicos para resolver el problema, aunque, si se prolongan más de la cuenta los períodos de calentamiento, hay que contar con que habrá incrustaciones calcáreas en el sistema de calentamiento o con que éste se haya quemado en parte.

La comprobación eléctrica puede hacerse desenchufando uno a uno los conectores de los ele-

Fig. 5

Fig. 6

Fig. 7

mentos calefactores y comprobando si pasa corriente por ellos. Así se descubrirán fácilmente las barras calefactoras quemadas.

La sustitución de estos elementos es, ante todo, un problema mecánico. La brida **(7)** [en la figura **(8)** ya se ha quitado] está sujeta con varias tuercas y no debe solicitarse unilateralmente, ya que se torcería.

Para no confundir las conexiones, que conducen altas intensi-

dades de corriente, convendría sacar una foto con «Polaroid», antes de desenchufar los conectores. Como la brida es tan débil, el proyectista la ha colocado sobre la junta que envuelve el extremo de cada una de las barras calefactoras, las cuales sólo pueden extraerse después de aflojar la junta introduciendo dos destornilladores **(8)** en el resquicio y haciéndolos girar después un poco para volverlos

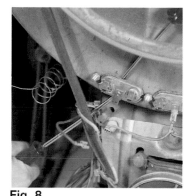

Fig. 8

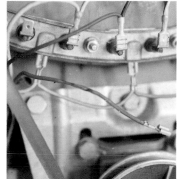

Fig. 9

Fig. 10

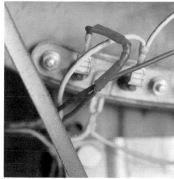

Fig. 11

da de las tuercas. Sólo es lo suficientemente estable para garantizar la seguridad. Si hay que cambiar una o más barras calefactoras, se aconseja poner en funcionamiento la máquina sin la pared trasera y comprobar si sale agua por la calefacción.

Naturalmente, hay que adoptar precauciones para que nadie pueda tocar los numerosos contactos sin aislar que se encuentran bajo tensión, y que ahora están abiertos.

Una de las conexiones de la calefacción pasaba, en este caso, tan cerca de la correa trapezoidal que su aislamiento se había erosionado hasta llegar al conductor **(9)**. El daño se reparó rápidamente, se cubrió con una cinta aisladora **(10)** y se curvó el conductor, ahora más rígido, para que no tocase la correa **(11)**.

Para el mantenimiento de los cojinetes se necesitarían herramientas especiales, pero, además, la reparación es tan laboriosa y su éxito tan inseguro (hay demasiadas probabilidades de que se pierda estanqueidad en algún punto o de que la máquina no funcione ya con el equilibrio dinámico tolerado), que es preferible renunciar a la reparación preventiva (se trataría de una reparación de este tipo).

a asentar de nuevo. En esta operación de fuerza, la junta resulta tan dañada que no es posible limitarse a sacar una barra calefactora para comprobar su estado y volverla a colocar. Siempre hay que poner una junta nueva, en perfecto estado.

La nueva barra calefactora tiene que colocarse sin la ayuda de la brida atornillada, ya que ésta no debe servir para introducir a presión la barra calefactora con ayu-

Cargador
de baterías

El aparato cargador de baterías es, por una parte, un aparato de corriente alterna, porque funciona con ella, y, por otra, un aparato de corriente continua, porque suministra este tipo de corriente. El cable de conexión y los Euroenchufes indican que se trata de un aparato con aislamiento de protección **(1)**.
Buscando los tornillos, encontramos dos remaches huecos **(2)** (en el centro de las partes superior e inferior), los cuales hay que taladrar **(2)** (arriba).
Aunque la disposición interior del aparato resulta poco clara **(3)**, sus circuitos son fáciles de seguir y entender, si se tiene un poco de paciencia. A la izquierda está el transformador, que es la pieza principal del aparato. Junto a él, a la derecha, se encuentra el rectificador, a cuya fijación se debe la peculiar disposición de las ¡cinco! patas del aparato **(2)**.
El transformador tiene tres salidas recubiertas con tubo flexible verde, rojo y amarillo, respectivamente. No nos referimos al cable amarillo grueso que está en primer término, sino al que está detrás y se ve peor.
Para mayor claridad, conviene dibujar un croquis del esquema eléctrico **(4)**. El alambre amarillo es el que, a 0 voltios, va al principio del devanado del transformador, ya que conduce directamente al rectificador. El rojo y el verde van al conmutador 6/12 voltios; no es indiferente que sea uno u otro el que suministre 6 o 12 voltios, por lo que hay que

Fig. 1

comprobar el conmutador y ordenar las soldaduras. Del conmutador sale el cable amarillo grueso que va al rectificador al que lleva, según la posición del conmutador, 6 o 12 voltios. En la conexión positiva del rectificador se ha soldado uno de los conductores del cable de carga. Desde la conexión negativa va al amperímetro, cuya salida, a su vez, va al fusible automático que está unido igualmente al segundo conductor del cable de carga. Hemos hecho también este esquema del circuito para mostrar cómo hay que proceder para entender un circuito, algo indispensable para localizar una avería, ya que es necesario comprobar pieza por pieza el paso de la corriente y la resistencia.
El rectificador puede comprobarse con corriente continua, es decir, con el ohmímetro del multímetro, que lleva una pila. Las salidas del instrumento están indicadas con «+» y «−» y el cable de medida tiene distintos colores (nosotros hemos elegido el rojo para el positivo y el negro para el negativo).
Entre la entrada de la corriente alterna y el positivo medimos unos 30 ohmios **(5)** (1). Com-

Fig. 2

Fig. 3

probación: no hay paso de corriente **(5)** (2). La otra parte (esta vez cambiando los polos) vuelve a dar 30 ohmios **(5)** (3) y la verificación indica que no pasa corriente **(5)** (4). Por lo tanto, si los dos conductores del rectificador cierran el paso a la corriente en un sentido, el rectificador está bien. La resistencia interna del rectificador, de 30 ohmios, es la explicación de por qué la tensión del transformador tiene que ser siempre más alta que la tensión continua deseada. Debido a la resistencia, se pier-

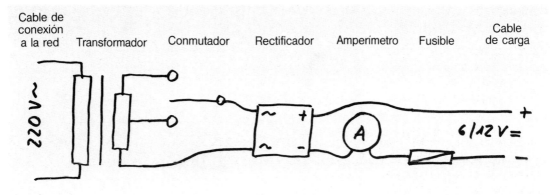

Cable de conexión a la red — Transformador — Conmutador — Rectificador — Amperímetro — Fusible — Cable de carga

220 V~

6/12 V=

Fig. 4

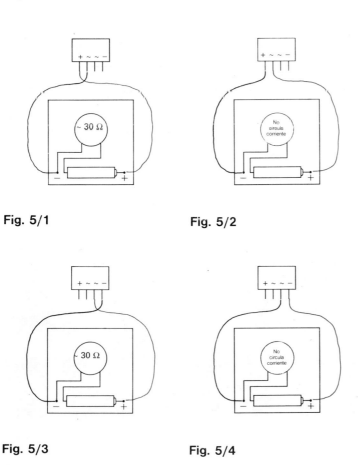

Fig. 5/1

~ 30 Ω

Fig. 5/2

No circula corriente

Fig. 5/3

~ 30 Ω

Fig. 5/4

No circula corriente

de tensión, y por eso también se calienta el rectificador. Los rectificadores sin orificio de sujeción están sostenidos por los alambres de la conexión [lo que no es aconsejable, especialmente en circunstancias como las de este caso **(3)**] o se sujetan entre los angulares metálicos que se fijan sólidamente con un tornillo a la carcasa del aparato. Las piezas metálicas contribuyen también a la refrigeración [véase «Corriente continua», **(6)**].

Las denominaciones en los rectificadores [véase «Corriente continua» **(3)**, **(4)**] significan: **(3)** «3.200/2.200» = 3.200 mA, 220 V, es decir 3,2 A 220 V; y **(4)** «B 80/70 – 25» = 80 voltios en funcionamiento de corta duración, 70 voltios en larga duración, 25 amperios. Por lo tanto, ambos rectificadores hubiesen sido más que suficientes, ya que bastaría con 3 A/12 V. Las potencias indicadas en los rectificadores no deben rebasarse en menos, y mucho menos en más. Una vez terminada la reparación, hay que sustituir los remaches que se han perforado por otros nuevos o colocar en su lugar unos tornillos rosca chapa.

Aspiradora de polvo a baterías

Las herramientas eléctricas y aparatos electrodomésticos accionados por baterías van teniendo cada vez mayor difusión desde que los acumuladores NC (Níquel-Cadmio) tienen mayor rendimiento y son más asequibleś. Naturalmente, en estos aparatos no hay cable de conexión ya que llevan el generador eléctrico integrado. La recarga de los acumuladores se efectúa en secciones de carga específicas del aparato que se conectan a la red; para ello, lo más cómodo, en general, es que la conexión eléctrica al aparato de carga se haga por medio de contactos fijos y no por medio de cables a baterías (de automóvil) mayores. En lugar de limitarse a guardar el aparato, cuando no se utiliza, puede colocarse, sin grandes gastos suplementarios, en el cargador, con lo que siempre estará dispuesto para funcionar.

La descarga y carga diarias constituirían una solicitación muy dura, que reduciría la vida útil a unos tres años, ya que la duración de las baterías NC es de unas 1.000 descargas.

Si los acumuladores van perdiendo mucha potencia y el aparato está en buenas condiciones, también es posible equiparlo con un acumulador nuevo, si el aparato está previsto para el cambio. El aspirador de mesa (1) presenta la típica construcción de carcasa de valvas unidas por medio de tres tornillos. Al intentar abrir el aparato, después de quitar estos tornillos, solemos encontrarnos con un impedi-

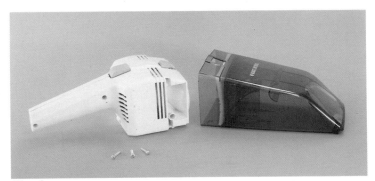
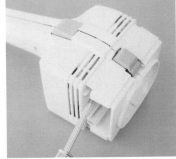

Fig. 1

Fig. 2

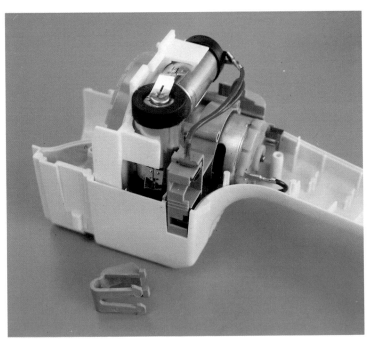

Fig. 3

Fig. 4

Fig. 5

Fig. 6

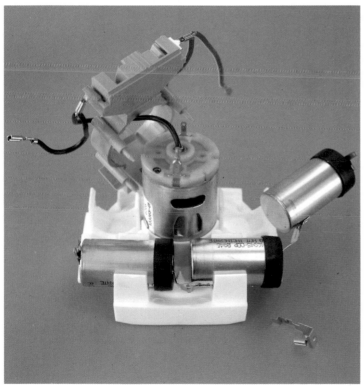

Fig. 7

mento en la zona del cierre de la caja colectora de polvo.

Si miramos ahora el espacio hueco lateral (2), veremos los extremos de unos ganchos de plástico que hay que desenganchar de alguna manera. Parece adecuado utilizar una herramienta puntiaguda, pero habría que aplicarla simultáneamente a ambos lados. Nosotros hemos utilizado, en uno de los lados, un clavo introducido por detrás del gancho (2), y en el otro lado una broca de punta (3). Ahora pueden separarse ya las dos valvas de la carcasa con lo que salta el cerrojillo (4).

Hecho esto, puede sacarse el bloque formado por la batería, el interruptor, el motor, la turbina y las conexiones de carga (5). Los acumuladores van sujetos a unos soportes y están conectados entre sí, en serie (véase «Conmutadores y circuitos»), por medio de puntos de soldadura. Al principio y al final de la batería (realmente esta denominación sólo se aplica a los elementos conectados entre sí, como en este caso) hay unas lengüetas o clavijas para los conectores (6). Éstos van soldados también a los polos del elemento. La conexión interna de la batería se ve claramente en (5) y en (6) (izquierda). Para poder sacar la batería, hay que quitar los soportes del interruptor y de las conexiones de carga. Esta sujeción sólo está encajada (7).

Al comprar una nueva batería NC deberemos buscar la de un tipo que, no sólo tenga el mismo tamaño que la que se ha agotado, sino también tiras de contacto soldadas (8). Las caperuzas de plástico del lado positivo no

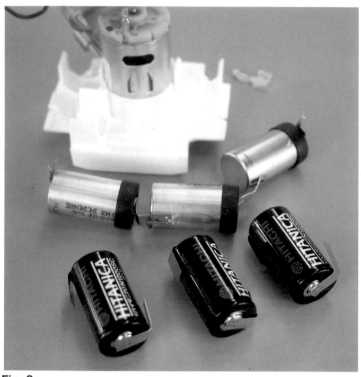

Fig. 8

son necesarias; podríamos colocarlas en la nueva batería. Los muelles de contacto deben moverse lo menos posible de lado a lado para no romper los puntos de soldadura. Con una tijera de cortar chapa, cortaremos ahora un muelle del positivo y otro del negativo lo más cortos y estrechos posible para obtener una banderola o clavija de enchufe. Una vez embridada la batería en su soporte, podremos doblar los demás muelles y acortarlos lo necesario para que sólo se superpongan un poco.

Soldaremos ahora las dos conexiones internas **(9)**, para lo cual tenemos que trabajar rápidamente (¡pero no en frío!), a fin de no calentar innecesariamente los elementos. Para la escasa intensidad de corriente que circula por el punto de soldadura, basta una gota de estaño del tamaño de una cabeza de cerilla. El montaje se hace en orden inverso al desmontaje; el cerrojillo con los ganchos engarza ahora sin dificultad. A continuación hay que cargar las baterías nuevas y, si hemos trabajado con cuidado, el aspirador continuará funcionando unos cuantos años.

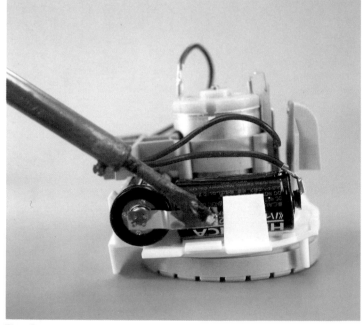

Fig. 9

Comprobación

Las Normas prescriben una serie de comprobaciones después de la reparación de aparatos eléctricos. En tal comprobación, sobre todo si se requiere aplicar altas tensiones, resulta muy peligroso.
Afortunadamente, existe la posibilidad de poner en funcionamiento los aparatos eléctricos de manera que se manifiesten los defectos ocultos sin riesgo para el usuario.

Según la Norma MI-BT 043 en las revisiones de aparatos e instalaciones, deberá hacerse lo siguiente:

1. Examen visual del aparato o instalación.
2. Comprobación del conductor de protección (resistencia, sección o falta de continuidad).
3. Medición de la resistencia de aislamiento (MI-BT 017).
4. Falta de aislamiento del aparato o instalación.
5. Falta de medidas adecuadas de seguridad contra contactos indirectos.
6. Empleo de materiales que no se ajusten a las especificaciones UNE de obligado cumplimiento (según MI-BT 044).
7. Comprobación del funcionamiento.

Ya se ha aludido repetidamente al examen visual. Durante la localización de las averías hay que estar atento a posibles variaciones que, con frecuencia, señalan la presencia de algún defecto. Esto incluye detalles tan triviales como conexiones sueltas, piezas rotas y marcas de quemaduras por arco eléctrico.

En nuestro propio interés, no debemos tolerar, en un aparato que haya de ponerse de nuevo en servicio, ningún tipo de piezas deterioradas: enchufes rotos, cables deteriorados ni la ausencia de tapas o caperuzas.

También se ha hablado detenidamente de la comprobación del cable de protección. La medición de la resistencia, que es muy fácil de realizar, indica si el conductor de protección tiene la resistencia (muy pequeña) exigida o si está interrumpido o mal conectado.

Fig. 1

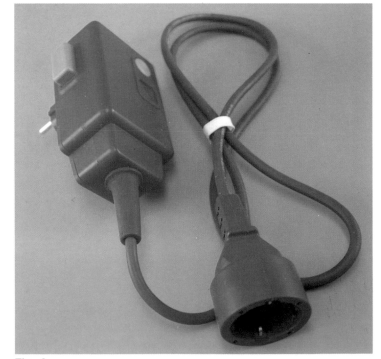

Fig. 2

La medición de la resistencia de aislamiento sólo podemos realizarla con la tensión de una pila (del aparato de medida), debiendo ser siempre el resultado una lectura de resistencia «infinita». Ya hemos hablado de los puntos «delgados» de las calefacciones y en los devanados de los motores u otros. Para localizarlos, el ensayo prescrito consiste en aplicar una tensión continua de 500 voltios entre la carcasa/conductor de protección y un conductor de corriente.

Los 500 voltios de corriente continua se generan con un inductor de manivela (o magneto de manivela que es una pequeña dínamo accionada a mano). Aparte del desembolso que su pone la adquisición de este aparato, por otra parte no exento de dificultades, el manejo de tales tensiones —aunque sólo sea para pruebas— no es recomendable.

Para la medición suplementaria de la corriente derivada se necesita un transformador especial.

La comprobación del funcionamiento consiste en volver a poner en funcionamiento el aparato.

Ahora bien, para una persona prudente, lo que sirve para aumentar la seguridad siempre le merece la pena, y esa es una actitud loable. Por esa razón, en el cuadro de contadores de muchas viviendas se encuentra el llamado interruptor diferencial (de alta sensibilidad), en abreviatura ID.

La Norma MI-BT 021, en su apartado 2.8, prescribe la instalación de interruptores diferenciales de alta sensibilidad (0,30 mA) cuando la resistencia a tierra sea excesiva, y en instalaciones en que no sea posible instalar conductor de protección (instalaciones antiguas).

Gracias a una serie de circuitos muy complicados, este interruptor es capaz de desconectar con la máxima rapidez los aparatos que tengan una derivación a tierra u otros defectos que puedan ser descubiertos por medio de las pruebas realizadas **(1)**.

No hay que confundir ni equiparar estos interruptores ID con los interruptores automáticos. El interruptor automático (o el fusible, en su caso) se desconecta, naturalmente, si hay un cortocircuito de bajo ohmiaje, pero no hasta que la corriente que circula por él ha alcanzado una intensidad peligrosa para la vida humana, es decir, demasiado tarde. El fusible —en algunos casos acompañado del adjetivo «de acción retardada»— no tiene por qué desconectar nada inmediatamente, si un motor en marcha o un aparato de soldadura sobrecargado momentáneamente supera la intensidad nominal.

El interruptor ID es otra cosa. Efectúa la desconexión, con total seguridad, en caso de producirse una derivación de corriente de 30 mA (miliamperios) o más en el plazo de sólo 200 ms (milisegundos), aproximadamente.

Si la instalación de nuestro domicilio carece de un interruptor de este tipo, podemos adquirir un aparato enchufable **(2)** que cumple las mismas funciones. La comprobación del funcionamiento intercalando uno de estos aparatos nos proporcionará la certeza de que no hay ningún defecto oculto. Realizará la desconexión si existen averías o defectos que, de no ser por él, no se manifestarían hasta la comprobación del conductor de protección, la medición del aislamiento de protección o la medición suplementaria de la corriente derivada.

Este aparato no sustituye al cuidadoso examen visual que efectuamos constantemente desde el desmontaje hasta las pruebas de funcionamiento. Naturalmente, el aparato no puede localizar dónde se encuentra la avería, ni tampoco definirla exactamente. La comprobación de los aparatos caros debe dejarse en manos de un especialista. Es frecuente que entonces —según cómo esté equipado el taller en que se efectúe la comprobación— se aplique al aparato una tensión de «perforación» de 5.000 voltios. Con esta prueba, cuando un devanado de un motor tiene aún aislamiento con respecto al hierro del rotor o del estator pero ya no es resistente a la «perforación», el aislamiento insuficiente se destruye por completo.

El aparato sólo podrá repararse ya montando en él nuevos devanados. En los aparatos electrodomésticos sencillos, esto no compensa, pero en los grandes motores, que son más caros, o en los motores incorporados especiales que, por su forma individual, no pueden sustituirse por un motor normalizado barato, siempre merecerá la pena.

Como mínimo, habría que utilizar siempre un interruptor ID al trabajar con tijeras cortasetos, cortadoras de césped u otras máquinas que trabajen en condiciones especiales de entorno (suelo de hierba húmeda). También es conveniente tenerlo en el taller de «hobbies».

Cables para la conexión de aparatos consumidores eléctricos portátiles
Selección (véase figura 17, página 54)

Número en la figura 17 pág. 54	Denominación del cable	Abreviatura	Número de conduct.	Sección en mm^2	Aplicación
1, 2	Cable gemelo	HO3VH-H	2	0,5 y 0,75	Para conexión de aparatos eléctricos ligeros, como lámparas de mesa y relojes, si la solicitación mecánica es reducida
3	Manguera ligera de PVC	HO3VV-F	2 a 3	0,5 y 0,75	Lámparas de mesa, lámparas de pie, máquinas de cocina, aspiradores de polvo domésticos, máquinas de oficina
4	Manguera media de PVC	HO5VV-F	2 a 5	0,75 a 2,5	Para solicitación mecánica media en el hogar, en la cocina y en oficinas. Para aparatos domésticos también en locales húmedos y mojados. No está permitido al aire libre, en el taller ni en la agricultura
5	Manguera ligera de goma	HO5RR-F	2 a 5	0,75 a 2,5	Para baja solicitación mecánica en el hogar, en la cocina y en oficinas (aspiradores de polvo, cocinas, etc.)
		HO7RN-F	1 a 5	1,5 a 400	Para solicitación mecánica media en locales secos, húmedos y mojados y al aire libre (herramientas eléctricas, lámparas portátiles, etc.)
6, 7	Cable plancha eléctrica	HO3RT-FG	3		Planchas eléctricas

Índice alfabético

Traducción autorizada de la obra:
ELEKTRO GERÄTE
REPARIEREN

Editada en lengua alemana por:
FALKEN-VERLAG - GmbH

© FALKEN-VERLAG - GmbH
ISBN 3-8068-1160-1

© EDICIONES CEAC, S.A. 1993
Perú, 164-08020 Barcelona (España)

1ª edición: Abril 1993
ISBN: 84-329-5413-6
Depósito legal: B. 9.332-1993

Impreso por:
I. G. FERRE OLSINA, S.A.
Viladomat, 158-160, int.
08015 Barcelona

Impreso en España
Printed in Spain

NOTAS

NOTAS

PRÁCTICA DE BRICOLAJE

Títulos publicados

- Instalaciones sanitarias

- Obras de albañilería

- Reparación de aparatos eléctricos

- Reparación de muebles

MANUALES ELECTRICIDAD
Títulos publicados

- Manual de automación por contactores
- Manual del instalador electricista
- Manual del bobinador
- Manual de medidas eléctricas
- Manual de puestas a tierra
- Manual del montador de cuadros eléctricos
- Manual del instalador de motores
- Manual de interpretación de esquemas eléctricos
- Manual de herramientas para el electricista
- Manual de mantenimiento de máquinas y equipos eléctricos
- Manual de reparación de máquinas de corriente continua
- Manual de reparación de máquinas de corriente alterna